Ernst Martin

Grammatik und Glossar zu der Nibelunge

Ernst Martin

Grammatik und Glossar zu der Nibelunge

ISBN/EAN: 9783744607261

Hergestellt in Europa, USA, Kanada, Australien, Japan

Cover: Foto ©ninafisch / pixelio.de

Weitere Bücher finden Sie auf **www.hansebooks.com**

GRAMMATIK UND GLOSSAR

ZU

DER NIBELUNGE NÔT

FÜR DEN SCHULGEBRAUCH ZUSAMMENGESTELLT

VON

ERNST MARTIN

BERLIN

WEIDMANNSCHE BUCHHANDLUNG

1865

§ 1. Die Aussprache des Mittelhochdeutschen (mhd.) schliefst sich genau an die Schrift an. Besonders ist die Länge oder Kürze der Stammvocale wohl zu beachten.

§ 2. Vocale. Kurze *a, i, u; ë, o; e, ö, ü*

Länge *â, ê, î, ô, û; œ, œ*

Diphthonge *ei, iu, ou, uo; ie; öu, üe*

ë wird gewöhnlich nicht anders als *e* geschrieben. Die Aussprache des *iu* war wohl = *iü*; da dieser Laut jedoch schwierig ist, so spricht man es meist als langes ü aus.

Neuhochdeutsch (nhd.) ist meistens geworden: *î* — ei, *û* — au; *uo* — u, *üe* — ü; *iu* — eu (äu), *ou* — au, *öu* — eu (äu). Vergleiche *wîn, hûs, muot, müede, iuch, loufen, vröude. ie* sprechen wir nicht mehr als Diphthongen (i mit nachklingendem e) aus, sondern als langes i z. B. in bieten.

§ 3. Einige mhd. Vocale sind nicht ursprünglich, sondern erst durch Einwirkung der in der nächstfolgenden Silbe stehenden Vocale entstanden.

1. Durch Brechung, die ein ursp. folgendes *a* bewirkte, ward *i* — *ë, u* — o, *iu* — ie. So in *geben* (Inf.) ursp. *giban*, vergl. *er gibt; geboten*, ursp. *gabutan*: *bieten*, ursp. *biutan*, vergl. *er biutet*.

2. durch Umlaut, den ein ursp. folgendes *i* bewirkte, ward *a* — e, *o* — ö, *u* — ü; *â* — œ, *ô* — œ, *û* — *iu; ou* — öu, *uo* — üe. Beisp. *gast* — *geste* (ursp. *gastî*), *mohte* — *möhte* (Conjunctiv ursp. *mohtî*), *tûr* (*turî*), *wænen* (*wânian*), *hœren* (*hôrian*), *brût* Plur. *briute* (*brûtî*); *loup* — *löuber* (*loubir*), *vuoz* — *vüeze* (*vuozî*).

Rückumlaut d. h. Herstellung des ursprünglichen Vocals tritt ein in den Formen, in denen ursp. das *i* ausgestofsen wurde: *wænen* — *wânde, hœren* — *hôrte*.

§ 4. Die Vocale, welche Brechung und Umlaut hervorriefen, *a* und *i* sind im mhd. nicht unverändert geblieben; sie sind zu tonlosem *e* geworden, wie fast alle vollen Vocale der Endungen. Das tonlose *e* hat jedoch zwei Stufen: nach langer Stammsilbe, d. h. einer solchen, deren Vocal lang ist oder vor mehreren Consonanten steht, ist das *e* der nächsten Silbe nur tonlos, nach kurzer Stammsilbe ist es stumm, wird fast gar nicht ausgesprochen; ein auf stummes *e* folgendes *e* ist tonlos, ein auf tonloses *e* folgendes ist stumm. *heiter* hat also in der zweiten Silbe ein tonloses, *edel* ein stummes *e*; tritt die Dativendung *-eme* an, so wird das erste

Wort *heitereme* ausgesprochen werden als *heiterme*, das zweite *edeleme* als *edlem*. Ein stummes *e* nach Liquidis wird meist gar nicht geschrieben: *mül, müln* anstatt *müle, mülen*.

§ 5. Consonanten. Liquidae: *l, m, n, r*

Spirantes: *j, s, h, w*

Mutae: Lippenlaute *b, p; f (v), pf (ph)*

Kehllaute *g, k (c; qu = kw; ck = kk), ch*

Zungenlaute *d, t; z, z (tz = zz)*

Vom nhd. weicht der mhd. Consonantismus nur in wenigen Fällen ab. Verschiedenheiten, die nur die Schreibweise betreffen, sind: vor Vocalen wird fast immer *v* geschrieben, nicht *f: vinden, vallen; ph* oft an der Stelle unseres *pf: phant; c* tritt im Auslaut anstatt unseres *k* ein: *tranc*, im Anlaut seltner: *criuze.* z hat den Laut unseres *fs* (sz): *grôz;* zuweilen wird nhd. auch s dafür geschrieben: *daz, ûz.* In den Handschriften und deshalb auch in einigen Ausgaben wird z unterschieden. Dann ist die Regel zu beobachten: im Anlaut steht nur z: *zît,* im Inlaut ist es aufser hinter *l, n, r* stets verdoppelt (*tz*): *sitzen,* im Auslaut steht es nur, wenn ein zweites z abgefallen ist (§ 6). Dagegen hat sich die Aussprache geändert: bei *ng,* in welchem wir das g z. B. in lange nicht neben dem nasalen n hören lassen, während dies im mhd. ebenso geschieht wie im lateinischen longus. *h* wird mhd. vor *t* und *s* und nach *r* und *l* wie *ch* ausgesprochen; es wird niemals wie in nhd. Schreibung als Dehnungszeichen hinter Vocalen und nach t gesetzt: *muol, küelen.*

In Lachmanns Ausgabe der Nib. Nôt sind einige orthographische Eigenthümlichkeiten der Handschrift beibehalten: z steht zuweilen für *tz* z. B. *sizen; k, kh, ckh* für *ck: weken, rekhe, ungelückhe; sc* für *sch: scaiden.*

§ 6. Im Auslaut wird 1) Doppelconsonant einfach geschrieben: *schif (schiffes), schaz (schatzes), sac (sackes), ros (rosses), swim (swimmen)* u. a.

2) Media in Tenuis verwandelt: *gap (gâben), tac (tages), rat (reder);* ferner *v* zu *f: hof (hoves); h* zu *ch: sach (sâhen).*

3) *w* abgeworfen: *niu (niuwes), gar (garwes).*

In Lachmanns Nib. Nôt ist bisweilen *h* für *ch* geschrieben: *noh; ck* oder *k* für *c: lack, genuok.* Im Reime steht vereinzelt *ch* für *c: werch; n* für *m: gezan, frun.*

§ 7. Im Anlaut wandelt sich *j* vor *i* zu g in *jehen, ich gihe;* zuweilen wird der Silbe *er-* ein *d* vorgeschlagen: *derkande.* Nach einem *ch* am Ende des vorhergehenden Wortes wird *d* zu *t: sich tacte (dacte).*

Im Inlaut wird manchmal *b* zu *p* vor *t: hapt, gelopt.* Tonloses *e* zwischen zwei gleichen Consonanten fällt oft mit einem derselben aus: *bietet* wird *biet, dienende — diende, lougenen — lougen;* so wird auch *gebundenem* zu *gebundem* zusammengezogen, *mineme* zu *mîme.* — Durch Consonantenausfall und Zusammenziehung der Vocale entsteht häufig *ei* aus *age: meit, geseil;* aus *ege: gein, leite;* aus *ede: reite; î* aus *ige: lît,* aus *ibe: gîst.*

Conjugation.

§ 8. Es gibt nur ein Praesens mit Indicativ, Conjunctiv, Imperativ, Infinitiv und Participium und ein Praeteritum mit Ind. Conj. Part. Die übrigen Formen werden durch Zusammensetzung mit den Hilfsverben ausgedrückt. Die Endungen sind dieselben wie nhd. Doch hat die 3. Plur. Ind. Praes. *-ent*, das Part. Praes. endigt, wenn es unflectiert ist, auf *-ende*; der Inf. ist declinierbar: *-ennes*, *-enne*. In der starken Conjugation hat ferner die 2. Sing. Imper. nie *-e*: *swim*; die 2. Sing. Ind. Praet. endigt auf *-e*: *dû gæbe*. Im Part. Praet. entbehren der Vorsetzsilbe *ge-*: *brâht*, *komen*, *lâzen*.

Zuweilen findet sich in der 2. Sing. *s* anstatt *st*: *ninnes*, *ladetes*. In der invertierten 1. Plur. wird *n* abgeworfen: *bite wir*.

§ 9. Die **starke** Conjugation wird durch Ablaut d. h. Veränderung des Wurzelvocals abgewandelt. Der 1) Vocal steht im Praesens, der 2) in der 1. und 3. Sing. Ind. Praet., der 3) in der 2. Sing. und im Plur. Ind. sowie im Conj. Praet., der 4) im Part. Praet. Doch wird der 1) in der I—V Conjug. immer gebrochen, ausser im Sing. Ind. und Imper.; in der VI und VII dagegen in der 2. und 3. Sing. Ind. umgelautet; der 3) wird in der I—III und V. VI immer umgelautet, aufser im Plur. Ind. Praet.; der 4) wird in der I—III und der V gebrochen.

I *i, e;* a; *â, œ;* e: *gibe geben gap gâben gæbe gegeben*
II *i, e;* a; *â, œ;* o: *nim nemen nam nâmen næme genomen*
III *i, e;* a; *u, û;* o: *wirfe werfen warf wurfen würfe geworfen*
IV *i;* ei; i; i: *rîte rîten reit riten rite geriten*
V *iu, ie;* ou; *u, û;* o: *vliuge vliegen vlouc vlugen vlüge gevlogen*
VI *a, e;* uo; *uo, üe;* a: *trage tregest truoc truogen trüege getragen*
VII *a, e*   ⎱   ⎰ a: *valle vellest viel vielen viele gevallen*
   â, œ   ⎟   ⎟ â: *slâfe slæfest slief sliefen sliefe geslâfen*
   ei   ⎟ *ie; ie* ⎟ ei: *heize heizest hiez hiezen hieze geheizen*
   ô, œ   ⎰   ⎱ ô: *stôze stœzest stiez stiezen stieze gestôzen*
   ou   ou: *loufe loufest lief liefen liefe geloufen*
   uo, üe   uo: *ruofe rüefest rief riefen riefe geruofen*

Beisp. *gibe gibest gibt geben gebet gebent*; Imp. *gip gebet*
     gebe gebest gebe geben gebet geben; Inf. *geben*, Part. *gebende*
     gap gâbe gap gâben gâbet gâben; Part. *gegeben*
     gæbe gæbest gæbe gæben gæbet gæben

§ 10. Unter den Verben der II hat *quemen* folgendes a verbo angenommen: *kum (kom), kumen (komen), kam (kom), kâmen (kômen), kæme (kœme), komen*. *ff* wird im Praeteritum nach langem Vocal ebenso vereinfacht, wie bei den Verben der VI mit *a* doppelte Liquida: *trâfen træfe; spien spienen*. In III tritt keine Brechung ein, wenn auf den Stammvocal *m* oder *n* doppelt oder mit einem anderen Consonanten verbunden folgen: *swimmen gewummen, vinden gevunden*. In der 1. und 3. Sing. Ind. Praet. haben die Verba der IV mit *h* hinter dem *î* anstatt *ei — ê*: *zîhe — zêch (schrien hat schrei und schrê)*; die von der V mit *h, s, z, t* hinter *iu* haben anstatt *ou — ô*: *biute — bôt*. Ferner wird in IV und V nach kurzem Stammvocal ʒ oder *f* verdoppelt: *giuʒe* — *guʒʒen gäʒʒe gegoʒʒen*; *grife* — *griffen griffe gegriffen*; *h* zu *g*, *s* zu *r* verwandelt: *verliuse verlôs* — *verluren verlüre verloren*; *ziuhe zôch* — *zugen zilge gezogen* (doch *fliuhe flôch fluhen flühe geflohen*). In VI wird im Praet. *h* zu *g* (*c*) verwandelt: *slahe* — *sluoc sluogen slüege geslagen*. *houwen* der VII angehörig hat im Praet.: *hiu hiuwen*.

§ 11. In I folgt auf den Stammvocal *t*, ʒ, *s*, *h*, *g*, *b*; in II Liquida oder *ff*, *ch*, *sch*, *st*, *ht*; in III Liquida doppelt oder mit einem anderen Consonanten verbunden. Vergleiche ausser den obigen Beispielen: *lise*, *sihe*; *triffe*, *vihte*; *bevilhe*, *hilfe*. In VI steht *a* vor einfacher Muta oder Liquida oder *sch*: *var*, *wasche*; in VII vor doppelter Liquida oder Liq. mit einem anderen Consonanten verbunden: *spanne*, *halte*. Die übrigen Verba der VII, sowie die der IV und V sind durch ihre Vocale gekennzeichnet.

§ 12. Die schwache Conjugation bildet wie im nhd. das Praeteritum durch angehängtes *te*, das Part. Praet. durch *t*. Ursprünglich stand zwischen Stamm und Endung ein voller Vocal (*ô*, *ê*; *î*), welcher mhd. regelmäfsig zu unbetontem *e* geworden ist; nur zuweilen erscheint *ô* im Part. Praet.: *gewarnôt*. Nach kurzer Stammsilbe fällt das *e* vor *te*, *t* gewöhnlich aus: *lobte gelobt*, *wunderte gewundert* (dann wird *te* nach Liquidis häufig zu *de*: *wdfende*); nach langer bleibt das *e*: *salbete*, *gesalbet*.

Beisp. *lône lônest lônet lônen lônet lônent*; Imper. *lône*, *lônet*

lône lônest lône lônen lônet lônen; Inf. *lônen*; Part. *lônende*

lônete lônetest lônete lôneten lônetet lôneten; Part. *gelônet*

Conj. Praet. wie Ind.

§ 13. Die sehr zahlreichen Verba schwacher Conjugation, welche ursp. ein *i* vor der Endung hatten, haben, wenn es möglich war, Umlaut angehommen: *lege legte gelegt*; *liutere liuterte geliutert*. Diejenigen, deren Stamm aus einer einzigen langen Silbe besteht, haben im Praet. und Part. Praet. zwar auch die Formen mit *e* vor *te* und *t*: *brennete gebrennet*, nehmen jedoch häufiger nach Ausstofsung des *e* Rückumlaut an: *wœne* — *wânde gewânt*, *rüeme* — *ruomte geruomt*. Dabei wird vor *t* Doppelconsonant vereinfacht: *fülle* — *fulte gefult*, *brenne* — *brante gebrant*; *g* geht in *c* über, *ck* in *h*: *vilege* — *vuocte gevuoct*, *decke* — *dahte gedaht*; *t* oder *d* wird ausgestossen: *vriste* — *vriste gevrist*, *künde* — *kunte gekunt*; ebenso *w* oder *j*: *gerwe* — *garte gegart*, *wœje* — *wâte gewât*; bei diesen letzten kann der Umlaut auch bleiben: *drôuwe drôute gedrôut*; *wœte*, *drœte*.

§ 14. Anomala. 1) *bin bist ist sin sit* (vereinzelt *birt*) *sint*. *si sist si* usw. daneben *wese wesest* usw. Imp. *wis*, *weset* (*sit*); *wesen* (*sin*); *wesende*; *was wœre was wâren* usw. *wœre* usw. *gewesen*.

2) Praeteritopraesentia d. h. Verba, deren Praes. ein ursprüngliches Praet. ist, jedoch in der 2. Sing. Ind. *t* oder *st* annimmt. Ihr Praeteritum bilden sie schwach.

gan günne ganst gan gunnen gunnet gunnen; Inf. *gunnen*

günne günnest usw. *gunde* (*gonde*); *günde* (*gönde*); *gegunnen* und *gegunnet*.

Danach *erban* missgönne. Durch eine falsche Ableitung hat das Verbum *beginnen* neben dem Praet. *began* auch *begunde* erhalten.

kan weifs *kanst, kunnen; künne; kunde (konde); künde (könde)*; Inf. *kunnen*

tar wage *tarst, turren; türre; torste; törste (torste); turren*

darf habe nöthig *darft, durfen; dürfe; dorfte; dörfte; dürfen*

mac kann *maht, mugen (megen); muge (müge, mege); mohte (mahte); möhte (mehte); mugen*

sol solt, suln; sül; solte (solde); Conj. ebenso; *suln*

weiz weist, wizzen; wizze; wiste (weste, wesse); Conj. ebenso; *wizzen; gewizzen*

touc, 2. Sing.?, *tugen; tüge; tohte; töhte; tugen*

muoz muost, müezen; müeze; muoste (muose); müeste (müese); müezen

3) Aehnliche Bildung hat *wellen: ich wil, dü wil (wilt), wir wellen (weln)* usw. *welle (wolle); wolte (wolde)*; Conj. ebenso.

4) *tuon tuost tuot tuon tuot tuont;* Imp. *tuo tuot*
tuo tuost tuo tuon tuot tuon; tuon; tuonde
tete, dü tœte, wir tâten usw. *tœte; getân.*

5) *stân (stên) stâst stât stân stât stânt;* Imp. *stant stât*
stâ (stê) stâst stâ stân stât stân; stân; stânde
stuont; stüende; gestanden und *gestân.*

Ebenso im Praes. *gân;* Imper. *ganc;* Praet. *gienc (gie); gegangen* und *gegân.*

6) *haben* contrahiert meistens: *hân hâst hât hân hât hânt;* Conj. *habe;* Part. *habende; hâte hête hete, dü hœte, wir hâten hêten heten;* Conj. *hœte hête hete; gehabet.*

7) *lâzen* wird ebenso contrahiert im Ind. Plur. *lân lât lânt,* im Inf. *lân* und im Part. Praet. *lân;* Praet. *liez (lie).*

8) *vâhen* und *hâhen* contrahieren zuweilen den Inf.: *ane vân;* Praet. *vienc (vie), hienc (hie); gevangen, gehangen.*

9) *biten, ligen, sitzen* und *heben, swern* bilden das Praes. schwach, das Praet. nebst Part. nach der I starken: *bat, gebeten; lac, gelegen; saz, gesezzen;* oder nach der IV: *huop, gehaben; swuor, gesworn (seltner geswarn).*

10) *bringen, denken, dunken* haben im Praet. *brâhte, dâhte, dûhte;* Conj. *brœhte, dœhte, diuhte;* Part. *brâht, gedâht, gedûht.*

würken und *vürhten* nehmen im Praet. *o* an: *worhte, geworht; vorhte, gevorht.*

Declination. Substantiva.

§ 15. **Starke Decl. Masc. I** Sing. Nom. und Acc. — (*e*), Gen. *es,* Dat. *e;* Plur. N. A. *e,* G. *e,* D. *en. tac tages tage, tage tage tagen; jegere jegeres jegere, jegere jegere jegeren.*

II Sing. ebenso wie I: *gast gastes gaste;* Plur. mit Umlaut: *geste geste gesten.*

Neutr. Sing. wie m. Plur. —, *e, en: wort wortes worte, wort worte worten.* Zuweilen tritt im Plur. umlautwirkendes *er* an den Stamm: *rat rades rade, reder redere rederen.*

Fem. I Sing. durchgängig *e*; Plur. *e*, G. und D. *en: gábe gábe gábe, gábe gáben gáben; zal zal zal, zal zaln zaln.*

II Sing. ohne Endungen oder G. D. mit *e*, vor welchem, wenn es möglich ist, Umlaut eintritt; Plur. umlautend mit *e*, D. *en: zit* G. D. auch *zite*, Pl. *zite* D. *ziten; kraft,* G. D. auch *krefte*, Pl. *krefte* D. *kreften.* Auch ohne Umlaut kommen vor *naht* (G. Sing. *der nahte*, D. Pl. *den nahten*), *hant.*

§ 16. Schwache Decl. Alle Genera haben N. Sing. *e*, sonst in allen Casus *en*; nur A. Sg. n. *e* wie N. Also N. Sing. m. und f. *herre, frouwe*, N. A. Sg. n. *herze*, sonst *herren, frouwen, herzen.*

§ 17. Anomala. 1) *vater, bruoder, muoter, tohter, swester* sind im Sing. unveränderlich, im Plur. zuweilen ohne Umlaut. 2) *man* bleibt unflectiert oder bildet G. *mannes*, D. *manne*, Plur. *manne*, D. *mannen.* 3) Neben *küneginne* erscheint auch das unflectierte *künegin.*

§ 18. Eigennamen flectieren theils stark, theils schwach nach den obigen Paradigmen. Die starken Masculina haben im D. und A. *e* oder *en* oder auch gar keine Flexion: *Sifrit Sifride Sifriden;* die starken Feminina haben im A. auch *e: Kriemhilt Kriemhilde*, und in allen Casus obl. auch schwache oder flexionslose Form: *Kriemhilt Kriemhilden.*

Adjectiva.

§. 19. Alle flectieren stark und schwach (schwach hinter dem Artikel); häufig sind sie auch flexionslos. Die st. Declination weicht vom nhd. nur ab im N. Sing. fem. und N. und A. Plur. neutr. auf *iu*, und im N. A. Sing. n. auf *e$_3$*.

Beisp. *alter altes altem alten, alte   alter alten alte*
　　　altiu alter alter alte,   alte   alter alten alte
　　　alte$_3$ altes altem alte$_3$, altiu alter alten altiu.

Zuweilen erscheint im D. Sing. m. und n. die volle Endung *eme*, im G. Sing. f. und Plur. *ere: róteme, iuwerre* (aus *iuwerere*). Dabei ist besonders bei mehrsilbigen tonloses und stummes *e* zu unterscheiden: *michel* gross hat im D. Sing. m. und n. *michelme*, im G. D. Sing. f. und G. Plur. *michelre; eben* dagegen *ebenem, ebener.*

Die schwache Decl. ist gleich der der Substantiva; das nhd. stimmt damit überein, aufser im A. Sing. f., welcher mhd. *en* hat: *die schœnen maget.*

§ 20. Der Comparativ wird durch angehängtes *er* gebildet, der Superlativ durch *est: edeler, edelest; micheler, michelest.* Zuweilen erscheinen im Superlativ die alterthümlichen Endungen *óst: vorderóst*, und *ist: græzist.*

§ 21. Adverbia werden von Adjectiven abgeleitet durch Anhängung theils von *e: starc — starke*, wofür bei den Adjectiven auf *e* Rückumlaut eintritt: *veste — vaste, schœne — schóne;* theils von *liche, lich: trûreclîche, süezlich.*

§ 22. Zahlwörter. *einer einiu eine$_3$*, als Attribut im N. Sing. unflectiert; *zwéne zwó zwei, zweier, zwein; drî* n. *driu, drier, drien* (*drin*); *viere vieriu.* Ebenso

flectieren auch *vünf, sehs, siben, aht, niun, zehen, einlif, zwelef . . . zweinzic, drîzic.*
Neben *hundert* erscheint auch *hunt.*

Ordinalia: *êrst; ander;* die anderen werden durch angehängtes *te,* nach Liquidis *de* gebildet: *drite, vierde* usw.

Pronomina.

§ 23. Persönliche. *ich mîn mir mich, wir unser uns uns* (alterthümlich *unsich). dû (du duo) dîn dir dich, ir iuwer iu iuch.*

Das der III Person hat im G. Sing. *sîn; sich* ist nur A. Sing. und Plur.; für den D. werden die Formen entlehnt von
er sie (siu si) ez (iz), G. m. und n. *sîn (es)* f. *ir,* D. *im* f. *ir,* A. *in sie (si) ez.*
Plur. N. und A. *sie (si),* G. *ir,* D. *in.*

Die Possessiva sind *mîn, dîn, sîn; unser, iuwer;* für das der III f. und Plur. wird der G. *ir* gebraucht; selten erscheint dieser auch flectiert: *iren.*

§ 24. Das **Demonstrativum** und **Relativum**, auch als bestimmter Artikel dienend ist
der diu daz, des f. *der, dem* f. *der, den die daz;* der Instrumentalis m. und. n.
diu erscheint nur mit Praepositionen verbunden: *sît diu.* Plur. *die* n. *diu, der, den.*

Das Demonstrativum *dirre (diser) disiu diz (ditze)* hat auch im G. Sing. f. und Plur. *dirre.*

Das **Interrogativum** flectiert *wer waz, wes, wem, wen waz;* Instr. *wiu.* Aus *sô wer* zusammengesetzt ist *swer swaz* wer, was auch immer. *weder* welcher von beiden, *welh* was für ein sind adjectivisch.

§ 25. Die **Nibelungenstrophe** besteht aus vier Langzeilen, welche parweise durch stumpfen Reim gebunden sind (aabb). Jede Langzeile wird durch eine Cäsur in zwei Halbzeilen getheilt, welche, wie die mhd. Verse überhaupt, nach der Anzahl der Hebungen d. h. höher betonten Silben gemefsen werden. Die erste Halbzeile hat 3 Hebungen mit einer folgenden Senkung (minder betonten Silbe): *Dô wuohs in Niderlánden;* seltener 4 Hebungen ohne die letzte Senkung: *Dô hiez sîn váter Sigemúnt.* Die zweite Halbzeile begreift 3 Hebungen: *sîn muoter Sigelint,* in der 4. Langzeile aber 4: *beide wáfen únd gewánt.* Das Zahlenschema der Hebungen in der Nibelungenstrophe ist also: 3 v + 3. 3 v + 3. 3 v + 3. 3 v + 4. Die Senkungen zwischen den Hebungen können auch fehlen: *stárc únde mǽre, zúo dém gáste.* Ebenso die der ersten Hebung vorangehende, welche Auftact genannt wird: *dne récken minne.* Der Auftact kann jedoch auch zweisilbig sein: *und en'phiengen díe géste,* sogar dreisilbig: *ir wider|ságt uns nú ze spáte.* Beide Halbzeilen nehmen Auftact an; so steht zweimal zweisilbiger: *nu wer | was der úf dem schilde ‖ vor dem | Wasgensteine saz.* Der Auftact kann auch umgestellt sein, d. h. hinter der ersten Hebung stehn, so dass er mit der nächsten Senkung zusammenstöfst; schwebende Betonung stellt dann das richtige Verhältnis her: *sídíníu fúr-büege, Sífrit der fúorte ir einen.* Bei zweisilbigem Auftact steht dann die erste Silbe vor, die zweite nach der ersten Hebung: *dó kómen von Bécheláren, het íemen geseit Etzeln.*

§ 26. Ob eine Silbe Hebung sein kann, hängt von ihrer Betonung im einzelnen Worte ab. Es taugt dazu 1) eine hochbetonte d. h. Stammsilbe. Fast immer ist dies die erste im Worte; ausgenommen sind besonders die Wörter, die mit den Präpositionen *be, ent, er, ver, ge, ze* zusammengesetzt sind: *ergángen, gevreischen.* 2) eine lieftonige d. h. Endungssilbe mit vollem Vocal: *kúneginne;* dahin gehört auch der zweite Theil von Zusammensetzungen: *márcgráve, mánheit.* 3) eine Silbe mit tonlosen *e;* doch nur entweder als letzte Hebung: *Uotén, Hágené;* oder wenn eine andere Silbe mit stummem *e* folgt, und dann auch nur unter gewissen Bedingungen. Wenn nämlich beide Silben demselben Worte angehören, so muſs eine Doppelconsonanz hinter dem tonlosen *e* stehn: *trúrénde,* oder hinter dem stummen *e* ein *n: míchélen;* nicht *trú-réte, míchéler.* Wenn dagegen die beiden *e* verschiedenen Wörtern angehören, so müſsen sie wenigstens durch einen Consonanten getrennt sein: *sánfté gemuot, wérdén erkant:* nicht erlaubt ist *schámelé erclane.*

§ 27. Die Hebung darf nie weniger Wort ton haben als die nächstvorangehende Senkung. *kréftigé* ist falsch, richtig *kréftige; trúreten* muss ebenfalls *trúréten* betont werden; hier weicht die nhd. Betonung von der mhd. ab. Das mhd. gestattet eine Verletzung des Wortaccentes nur bei mehrsilbigen Wörtern, die sonst schwer in den Vers zu bringen wären: *márcgrávín, únfroelíchen.* So ist *hóchvertic* unerlaubt, erlaubt dagegen *hóchvertígen.*

Ebenso darf die Hebung nicht an sich geringer betont sein als die folgende Senkung. Man lese also nicht: *Hágenó von Tronege,* sondern *Hágene vón Tr.;* nicht *strúhté daʒ márc,* sondern *strúhté dáʒ márc.*

§ 28. Hebung und Senkung müſsen einsilbig sein; doch kann die Hebung auch bestehn aus einer kurzen Stammsilbe und einer Silbe mit stummem *e: tügent;* die Senkung aus einer kurzen Silbe mit tonlosem *e* und einer Silbe mit stummem *e: trúrete, kúnde getólgen.*

Oft wird ein tonloses *e* im Auslaut vor vocalischem Anlaut des folgenden Wortes elidiert: *fúorte ir,* wie dies zuweilen auch in der Schrift bezeichnet wird: *dáht úf,* besonders wenn das folgende Wort in der Hebung steht: *án edeler.* Zuweilen wird ein *e* auch apocopiert d. h. vor einem consonantisch anlautenden Worte abgeworfen: *ein (eine) schalten.* Synalœphe d. h. Verschmelzung tritt ein, wenn auf auslautenden vollen Vocal ein unbetontes *e* folgt; die einsilbigen Wörter *dá, já, dó, só, dú, nú* verlieren zugleich ihre Länge: *ja erwarp.* Auch einfacher Consonant hindert die Synalœphe nicht: *do versuohte.* Endlich: incliniert d. h. so an das vorhergehende oder folgende Wort angelehnt, dass sie ihren Vocal verlieren, werden die Präposition *ze: zallen, zeinen;* das Pronomen der III Person: *mohter (mohte er), haten (hete in), dun (du in), kunder (kunde ir), kómens (kómen si), soldeʒ (solde eʒ), wilʒ (wil eʒ);* der Artikel: *dougen (diu ougen);* dabei kann auch der anlautende Consonant wegfallen: *alle an (den), inme, ime (in dem), úfme oder úfem (úf deme), zem (ze dem), zen (ze den), géns (gén des), skúneges (des k.);* oder aber nur der volle Vocal zu verschleifbarem *e* geschwächt werden: *múose deʒ.* Ferner findet Inclination Statt bei der Negationspartikel *ne: den,* welche dann den oben angegebenen einsilbigen Wörtern die Länge raubt: *jane, sone;* und einen Position bildenden Consonanten wegnimmt: *ine (ichne). ich* verliert sein *ch* auch in Zusammenziehung mit *eʒ, iu* und *iuch: i'ʒ, i'u, i'uch. ist* wird incliniert in *derst (der ist);* und zugleich contrahiert in *deist, dést (daʒ ist),* wie auch *deich* aus *daʒ ich, deiʒ* aus *daʒ eʒ* entstehn. Zuweilen ist die Inclination in der Schrift nicht bezeichnet: *ze allen, si einen.*

A.

á Interjection, an Imperative und Partikeln angehängt: *neiná* Nicht doch!

ab, abe Praep. mit D. von; Adv. weg, hinab

abelouf st. m. Ort, wo das Wild zum Schufse vorlaufen mufs

ábent (-des) st. m. Abend; *sunewenden á.* Abend vor Sonnenwende

aber, ab Adv. wieder, nochmals; dagegen; *et aber* doch wieder, doch noch immer; *swie aber* wie auch

acer — aber

after Praep. mit D. nach, über — hin; *a. wegen* dem Wege nach, weg

ahsel st. f. Achsel, Schulter

aht st. f. Schätzung

ahten sw. beachten, erwägen; *ein d. ahtet mich* etwas kümmert mich, geht mich an

al, flectiert *aller elliu allez*, vor dem Artikel flectiert und unflectiert *allen den*, *a. einen tac; al den tac;* all, ganz, jeder; nach *áne* irgend ein; G. Plur. *aller* verstärkt den Superlativ *allerwíseste wífp*; A. Sing. n. *allez* Adv. immerfort, durchaus; *über al* insgemein, vollständig; Instrum. *alle in mit alle* gänzlich

al Adv. dient zur Verstärkung vor Adj. *alwár, al eine;* vor Adv. *al dá* dort, *alher* bis jetzt, *al gelíche* gleichmäfsig, insgesammt; vor Praep. *al über, al umbe*

allenthalben Adv. auf allen Seiten

alrérst, alrést — allerérste Adv. da erst, erst recht

alsan Adv. ebenso; gleichwie

alsó, alse, als Adv. und Conj. so, ebenso; wie; als

alterseine weltverlafsen, ganz allein

an, ane Praep. mit D. und A. an, in, zu, auf; *an arme* im Arm, *an gemach füeren* zur Rube führen; Adv. an, ein

anders adverbialer G. anders, sonst, im übrigen

anderswa Adv. anderswo; anderswohin, nach verschiedenen Seiten

anderthalben Adv. auf der anderen Seite

áne Adv. ledig, mit G. *des küneges áne* ohne den König, *eines áne tuon* eines berauben; Praep. mit A. ohne, aufser; *áne daz* Conj. ausgenommen dafs

anger st. m. Rasenplatz

angest st. f. Bedrängnis, Noth, Gefahr, Sorge

angesten sw. in Sorge sein *umbe einen*

angestlich gefährlich, gefahrdrohend

antfanc (-ges) st. m. Empfang

antwerc st. n. Werkzeug, Maschine

antwürten sw. *eines d.* auf etwas antworten; *einen a.* überantworten, übergeben

ar sw. m. Adler

arbeit, arebeite st. f. Anstrengung, Mühe, Leid

arbeiten sw. sich anstrengen

arc (-ges) schlimm, schlecht, nichtswürdig: st. m. Feindseligkeit

armbouge sw. f. Armring, Armspange

arnen sw. *ein d.* ärndten, die Frucht von etwas empfangen, für etwas büfsen

art st. f. Geschlecht, Abstammung
asche sw. m.

B.

bágen st. zanken
balde Adv. schnell: heftig; *b. sagen* zuversicht-
lich behaupten, *sich b. vröun* sich kühnlich
freuen
balt (-des) kühn; rasch
báren sw. auf Bahren legen
barn st. n. Kind (im Verhältnis zu den Eltern)
base sw. f. Vaterschwester
baz Adv. Compar. befser, mehr: bei Praep.
und Adv. der Bewegung steigernd: *von
schare b. ze schare, hóher b., náher b.*
bedaz Conj. während
béde, beide n. *bédiu, beidiu* beide; *b. — unde*
Conj. so wohl — als auch
bedenken anom. *ein d.* auf etwas denken; *sich
b.* überlegen, *eines d.* sich zu einer Sache
entschliefsen
bevähen anom. umfafsen, umfangen
bevelhen st. anempfehlen, anvertrauen, über-
geben
bevinden st. erfahren, merken
bevollen Adv. völlig
begán anom. *ein d.* etwas thun, üben, mit einer
Sache umgehn
begegene Adv. entgegen
beginnen anom. *eines d.* etwas anfangen; mit
Inf. zuweilen nur Umschreibung für die
(eintretende) Handlung
behaben sw. behalten, behaupten
behalten st. bewahren, aufbewahren; *einen be-
wirten*
behanden — bí handen
beheften sw. bestricken
behern sw. *einen eines d.* berauben
behüeten sw. behüten: verhüten
beide s. *béde*
beidenthalp Adv. auf beiden Seiten
beiten sw. warten
bejagen sw. erwerben
bekennen sw. kennen; erkennen, kennen ler-
nen; *bekant haben* kennen, wifsen; *b. sín*
offenbar, sichtbar sein; *trûren ist mir be-
kant* ich traure, *mir wirt zürnen b.* ich werde
zornig; *b. tuon* kund thun, offenbaren

bekomen st. kommen
beleiten sw. begleiten
belíben st. bleiben; unterbleiben
benemen st. nehmen; *ez einem b.* jemand ver-
hindern
ber sw. m. Bär
berc (-ges) st. m. *ze berge* aufwärts
bereden sw. besprechen, von etwas reden; be-
weisen; *einen eines d.* jemand von einer
Anschuldigung befreien
bereit bereit, bereitwillig; Adv. *bereite* bereits
bereiten sw. zurechtmachen; *sich den b.* sich
zur Abreise vorbereiten
bergen st. verbergen; sichern
berihten sw. zurechtmachen, herrichten
berinnen st. überströmen
bern st. tragen; gebühren; *wol geborn* edel
beruochen sw. einen sich um jemand beküm-
mern, sich eines annehmen
bescheiden st. auseinandersetzen; zuweisen;
erzählen; auslegen
bescheidenlíchen Adv. bestimmt, deutlich; ver-
stündig, klug
beschirmen, beschermen sw. durch Parieren
beschützen; abwehren
beschouwen sw. schauen; *einen ein d. b. lázen*
einem etwas beweisen
besenden sw. durch Boten zu sich rufen; *sich
b.* die Lehnsleute berufen
beserken sw. in den Sarg legen
beslíezen st. ein -, um -, verschliefsen
besorgen sw. mit Sorge bedenken
besperren sw. zusperren
bestán anom. bleiben; ausbleiben; *tót b.* auf
dem Platze bleiben; *ein d. bestát mich* geht
mich an, gehört mir; *einen b.* angreifen, oft
mit strîte b.; ein d. b. bestehn, die warte b.
den Anstand besetzen
beste Adv. am besten
bestiften sw. einrichten
besunder Adv. besonders, abgesondert
beswæren sw. mit Sorge, Trauer erfüllen, be-
kümmern, kränken
bete st. f. Bitte
betiuten sw. deutlich machen, erklären
betrüeben sw. trübe machen; erzürnen
bette st. n. Lager zum Sitzen oder Liegen
bettedach st. n. Bettdecke

bettewât st. f. || Bettvorhänge, *under die b.*
unten an die Bettvorhänge

betwingen st. bezwingen, *ein d. an einem*
jemand zu etwas zwingen

bewarn sw. behüten, beschützen, *eines d.* vor
etwas; *ein d.* verhüten; *bewart* gesichert;
an zühten wol b. in Anstand untadelig

bewegen st. *sich eines d.* sich einer Sache ent-
schlagen, sich von etwas lossagen

bewenden sw. zuwenden, geben; *bewant* ge-
artet, sich befindend, anschlagend; *ze sor-
gen b.* sorgenvoll

bewîsen sw. zurechtweisen, belehren, *eines d.*
über etwas

bezeigen sw. bezeichnen, anzeigen

bezimbern sw. bauen, bereiten

bezîte — bî zîte bei Zeiten, bald

bezoc (*-ges*) st. m. Unterfutter

bî Praep. m. D. bei, mit; *bî einem wesen* mit
einem verkehren; *wunder bî ungefuoge*
Wunderbares und dabei Ungeheures

biderbe tüchtig, edel

bieten st. bieten, anbieten; *ein d. an einen b.*
einem etwas anbieten; *genâde b.* Dank
sagen; *lougen b.* läugnen; *die hant b.* mit
Handschlag versprechen; *sich einem ze
füezen b.* einem zu Füßen fallen; inständig
bitten; huldigen

bilde st. n. Bild, Zeichen

billîche Adv. mit Recht, von Rechtswegen

binden st.; *den helm ûf b.* den Helm, der mit
Riemen am Kinn befestigt wurde, aufsetzen;
zelte ûf b. aufspannen

birge st. n. = *gebirge*

biten anom. bitten, gebieten, befehlen; *eines d.*
um etwas bitten

bîten st. warten, *eines d.* auf etwas

bitterlîchen Adv. schmerzlich, ingrimmig

blicken sw. blitzen; blicken

blîde Adj. und Adv. froh; freundlich

blôz entblößt, besonders von Kleidern oder
Waffen

bluotvar (*-wes*) blutgefärbt

bœse niedrig, verächtlich, schändlich, schlimm;
Adv. *bœslîchen* übel, schlimm

borte sw. m. Band von Seide oder Goldfaden

butenbrôt (*-des*) st. n. Lohn für überbrachte
Nachricht

bouc (*-ges*) st. m. Ring, Spange

bôzen sw. klopfen, pochen, schlagen

bracke sw. m. Spürhund

brant (*-des*) st. m. || Feuerbrand; Brand

brechen st. intrans. brechen; dringen; trans.
brechen, reißen; *den wurf mit sprunge*
über das Worfziel hinausspringen

bresten st. brechen (intrans.)

briefen sw. niederschreiben

brîs s. *prîs*

brüeven sw. zurechtmachen, rüsten

brunne sw. m. Bronnen, Quelle

brünne, brünneje st. f. Panzerhemde aus Stahl-
ringen

brût st. f. || Braut, junge Frau

brûtmiete st. f. Brautlohn, Mitgift

buckel st. m. sw. f. halbkugelförmiger Erzbe-
schlag in der Mitte des Schildes

büezen sw. *ein d.* ein Uebel, einen Mangel be-
seitigen, abstellen, *einem eines d.* jemand
von etwas befreien

buhurdieren sw. den *buhurt* reiten

buhurt st. m. ritterliches Kampfspiel, wobei
man in Scharen mit Speeren auf einander
ansprengte

bunei3 s. *punei3*

bunt Adj.; als Subst. eine Art Pelzwerk

burc (*-ge*) st. f. || Burg; Stadt

busûnen sw. posaunen

C. s. K.

D.

dd Adv. da, dort; wo; auch durch Attraction
—*dar dd* dahin wo; im Eingang erläuternder
Antworten; demonstrativ vor Ortsbestim-
mungen mit Praep.: *dd ze Bechelâren;* vor
Adv. und Praep. um diesen demonstrative
oder relative Beziehung zu verleihn: *dd bî*
daneben, *dd mite, von, suo; dar* vor Vocalen
und einigen Consonanten: *dar an, in, inne,*
über überdies, *umbe, under* dabei, darüber,
nâch, suo ausserdem, dahin, darauf; abge-
schwächt *der: derfüre,* davor, und syn-
copiert *drunder;* zuweilen anstatt eines
persönlichen Pron.: *die minneclîchen dâron*
von welcher .. *im geschach;* verstärkend
bei Pron. relat. *die er dâ hete gewunnen,*
swer der

dagen sw. schweigen

dane st. m. Dank; *d. hân* Lob und Preis erhalten; *habe danc!* gut gemacht

danne, denne, dan Adv. dann; alsdann; also; nach Comparativen: als; in Conditionalsätzen mit oder ohne *ne:* anser: *ich enwolde iu danne liegen* anfser wenn ich löge

dannen, dan Adv. hinweg, von da, fort

dannoch Adv. noch immer, noch; beim Praet. damals noch

danwert Adv. wegwärts, hinweg

dar Adv. dahin, dazu, her; wohin, wozu; mit Attraction — *dar dâ* s. *werben*

declachen st. n. Bettdecke

degen st. m. (Knabe) Held

degenheit st. f. II Heldenhaftigkeit, Tapferkeit

degenlîche Adv. heldenhaft

dehein, hein, kein irgend ein, kein; *deheiner* nie keiner je

deiswâr — *daz ist wâr* wahrhaftig

denken anom. denken, gedenken; *eines d.* etwas sich vornehmen; mit Inf. oder *ze* und Inf. wollen

der diu daz 1) Pron. demonstrativum: dieser, der; zuweilen unmittelbar hinter dem Subst.: *Sîfrit der fuorte ir einen;* nach dem Sinne construiert: *swaz ich fröuden hete diu liget;* 2) relat. welcher, der; zuweilen — demonstr. und relat. *âne die (die die es) ê pflâgen;* mit Attraction: *alles des ich ie gesach (des daz);* wenn jemand: *der sîn hete gegert ze koufen .. was er wol wert;* 3) Artikel: der; zuweilen mit st. flectiertem Adjectiv, besonders dem Pron. poss.: *die mîne mâge;* nach dem Subst. mit dem Adj.: *golt daz rôte,* mit dem G.: *phant daz Kriemhilde;* vom Subst. durch den G. getrennt: *daz Siglinde kint;* mit Auslassung eines Subst.: *der (fürste) von Spâne; die (helde) von Berne;* vor prädicativem Adj.: *Etzel was der kiiene.* Casus als Partikeln: Acc. Sing. n. *daz* in Inhaltssätzen, Folgesätzen: so dafs, in Absichtssätzen: damit, in Ausrufesätzen: dafs doch; mit Praep. *durch daz* deshalb weil, damit; mit Zeitadv. *ê daz* bevor, *unz daz* bis; G. *des* deshalb, darüber, darauf, dazu; Instrum. *diu* nach Partikeln und in

deste, dester (— des diu) um so mehr, desto

deweder irgend einer von zweien; keiner von beiden

dicke, dike Adv. oft

dienen sw. dienen, *ein d.* durch Dienst erwerben, vergelten

dienest st. m. und n. Dienst, Dienstwilligkeit

dienstlîchen, dienstlîch dienstbar, dienstbeflifsen

diet st. f. II Volk, Leute

diezen st. schallen

dinc (-ges) st. n. Sache

dingen sw. Vertrag schliefsen

dishalben, dishalp Adv. auf dieser Seite

diu st. f. Dienerin, Magd

dô, duo Adv. und Conj. da; als

doch Conj. doch, in Concessivsätzen: auch

doln sw. dulden, leiden

dôn st. m. II Ton, Melodie, Lied

dœnen sw. tönen

dôz st. m. II starker Schall

drâte Adv. eilig, alsbald

dræjen sw. wirbeln

dringen st. *einen* drängen

dröuwen sw. drohen

dulden, dullen sw. erleiden, erfahren

dunken anom. *einen* dünken, scheinen

duo — *dô*

durch, durh Praep. mit A. durch; wegen, zu, um — willen, aus (Beweggrund)

durfen anom. *eines d.* bedürfen; mit Inf. nothwendig haben, Ursache zu etwas haben; brauchen; *dörften nimmer bestân* thäten befser nicht anzugreifen

dürkel durchbohrt, durchlöchert

E.

ê Adv. früher, vordem; Conj. auch mit *daz* bevor, ehe, lieber als dafs

ê st. f. Gesetz; Stand

ebene Adv. gleichmäfsig, ruhig; so eben; *in eben einem* neben

eberswîn st. n. Eber

êhaft gesetzmäfsig; begründet, wahrhaft

eigen eigen; hörig, leibeigen: *eigen man*

einer einiu einez Zahlwort; unflectiert in *ein ander* einer dem, den andern; *einer niht* nicht ein einziger; *mîn eines hant* ich allein; 2) unbestimmter Artikel, auch im Plur. ge-

braucht: *so einen sunewenden;* zuweilen
wo wir den bestimmten Artikel setzen *an
einen sant an das Ufer, grüener danu ein
gras als das Gras;* vor Superlativen mit
dom bestimmten Artikel verbunden: *ein
der allerbeste* einer der allerbesten
eine Adv. allein, einsam; *eines d.* beraubt einer
Sache, ohne etwas
einic (*-ges*) einzig
einst — *eines* adverbialer G. elnmal
eislich schrecklich, furchtbar
ecke st. f. Schneide, Schärfe
elch st. m. Elentbier
ellen st. n. auch Pl. (Eifer) stürmische Kraft,
Tapferkeit
ellende fern von der Heimath, fremd, verbannt,
unglücklich; st. n. Fremde, Verbannung
ellenhaft, ellenthaft stürmisch, muth- und kraft-
voll
en s. *ne*
enbern st. *eines d.* ohne etwas sein, nicht haben
enbieten st. sagen lafsen, *bi einem* durch je-
mand; *dienst e.* Dienstbereitschaft melden
lafsen
enbizen st. (*bin enbizzen*) Mahlzeit halten
end — *é*
ende st. m. und n. Ende; *an dem e.* zuletzt;
uns an den e. bis zuletzt; oft *ein e.* das
Ende, *eines d. an ein ende kumen* vollstän-
dig erfahren, *ein e. geben eines d.* vollstän-
dig erzählen; *an allen e.* nach allen Seiten
hin; *viern enden* an vier Enden
endelichen, endeclichen Adv. vollständig, sicher-
lich
enden sw. vollenden
ener — *jener*
enein Adv. zusammen
engegene, enkegene Adv. entgegen
engelten, enkelten st. *eines d.* für etwas ent-
gelten, büfsen, Nachtheil von etwas haben
engestlich gefahrvoll
engiezen st. ausgiefsen
enhant, enhende Adv. in der, in die Hand
enheinez — *ne deheinez*
enmitten Adv. inmitten, in der Mitte
enouwe Adv. stromabwärts
enpfähen anom. empfangen, aufnehmen, will-
kommen heifsen *in ein lant*

enpfelhen st. anempfehlen
enpfinden st. *eines d.* etwas merken, fühlen
ensamt Adv. zusammen
enthalten st. sich Halt machen, halten
entladen st. ausladen
entrihten sw. in Unordnung bringen
entrinnen st. entfliehen
entriuwen Interj. traun, wahrhaftig
entsliezen st. aufschliefsen, öffnen
entsweben sw. einschläfern
entwâfen (eigentlich *-fenen*) sw. die Rüstung
abnehmen
entwesen st. *eines d.* ohne etwas sein
entwichen st. weichen, *einem ez helfe* von
eines Vertheidigung
enzünden sw. anzünden
er siu ez Pron. der III Person, im D. *im, ir,
in* auch reflexiv. *ez* als unbestimmtes Sub-
ject bei Impersonalien; bei invertierten
Sätzen der III Person vorausgeschickt; vor
Nennung des Namens: *ich binz Hagene;*
als unbestimmtes Object s. *ez triden, sile-
nen, wol tuon* u. a.
er vor Namen und Titeln — *her*
erarnen sw. — *arnen*
erbarmen sw. einen, einem jemand zum Er-
barmen bewegen
erbeit — *arebeit*
erbeiten sw. *eines* jemand erwarten
erbeizen sw. vom Pferde absteigen
erbieten st. erweisen, *ez einem güetliche, min-
neclîche* einem Freundlichkeit erweisen
erbinden st. losbinden
erbiten anom. durch Bitten erlangen
erbîten st. warten; *eines, eines d.* jemand, et-
was erwarten
erbrinnen st. anbrennen (intrans.)
erbunnen anom. *einem eines d.* einem etwas
missgönnen
erbürn sw. erheben
erdiezen st. erschallen; von lebenden Wesen:
aufschreien, brüllen
erdürsten sw. verdursten
erdwingen s. *ertwingen*
êre st. f. oft Plur. Ansehn, Ruhm, besonders
Kriegs- und Siegsruhm; Herrlichkeit;
Pracht; *nâch êren* auf ehrenvolle Weise,
in Ehren

ervarn st. erforschen, an einem bei einem

ervollen sw. fällen, niederhauen

errinden st. gewahren: kennen lernen, erfahren; bí einem durch jemand

ervollen sw. den muot die Lust befriedigen

erfüllen sw. Kleider: mit Pelz füttern

erfür == herfür

ergâhen sw. ereilen

ergân anom. ergehn, geschehn; enden, ausschlagen

ergetzen sw. einen eines d. (ein d.) jemand etwas vergefsen machen, für etwas entschädigen

erheben anom. aufheben, anfangen; mit erhabner Arbeit verzieren

erhellen st. erschallen, tönen

erhæren sw. hören

erholn sw. sich aufraffen, wieder erheben

erhouwen sw. st. aufhauen

eriteniuwen sw. erneuen

erkennen sw. kennen; erkennen; erkant bekannt, erprobt; úzerkant == úzerkorn

erkiesen st. ausersehn, auserwählen, úzerkorn auserlesen

erkunnen sw. erforschen, erfahren

erküelen sw. abkühlen, kühl machen

erkuolen sw. kühl werden

erlâzen st. einen eines d. einem etwas erlafsen

érlích ehrenvoll, ansehnlich, vortrefflich; Adv. érlíchen

erliuten sw. laut werden; von Hunden: zu bellen beginnen

erloufen st. im Lauf erreichen

ermanen sw. einen eines d. jemand an etwas erinnern

ermordern sw. ermorden

ernern sw. am Leben erhalten

erniuwen sw. erneuen; sín vart wart erniuwet von heizem bluote naz seine Fährte ward frisch bedeckt, frisch begofsen mit heifsem, nafsen Blute

ernstlíchen == ernestlíchen

errechen st. vollständig rächen

erreizen sw. aufreizen

erschellen st. erschallen

erschrecken st. und sw. erschricken sw. erschrecken, in Schrecken gerathen

ersehen st. gewahren, merken

ersmielen sw. zu lächeln anfangen

ersprengen sw. zum Springen bringen, aufjagen

êrst, Ordinale der Einzahl; zem êrsten zuerst; êrste Adv. erst, zuerst

ersterben st. sterben

erstrîten st. durch Streit erlangen, bewirken

ertoben sw. zu rasen beginnen, des muotes im Geiste; ertobt rasend geworden

ertwingen, erdwingen st. erzwingen, zwingen

erwegen sw. sich hin und her bewegen

erwegen sw. bewegen, erregen

erwenden sw. zum Abstehn bringen; eines d. von einer Sache abbringen; ein d. abwenden

erwern sw. abwehren

erwîhen st. ermatten

erwinden st. abstehn, umwenden; eines d. von einer Sache ablafsen

erzeigen sw. zeigen, aufweisen

erzenîe st. f. Arzneikunst

erziugen sw. beweisen, zeigen

erzünden sw. entzünden, entflammen

erzürnen sw. zornig werden

et, ot Adv. nur; eben, doch

eteslích, etelích mancher, irgend einer

ettewenne Adv. irgend ein Mal

F. V.

vâhen anom. fafsen, ergreifen, gefangen nehmen; ane v. anfangen; vâhe zuo mir ziehe an mich

val (-les) st. m. II. Fall; der tœtliche v. der Tod

vâlandinne st. f. Teufelin

vâlant (-des) st. m. Teufel

valde st. sw. f. Einschlagtuch, Tuch zum Einschlagen von Kleidern

valsch falsch, treulos; st. m. Falschheit, Treulosigkeit

vane sw. m.

vanke sw. m. Funke

var (-wes) farbig, gefärbt; nách einem d. von etwas

vâr st. f. Nachstellung; einem ze vâre zu eines Verderben, gegen jemand

varn st. sich fortbewegen: fahren, ziehn, reisen; varende herumziehend, v. diet wan-

dernde Sänger; *mit einem v.* mit einem umgehn, *mit einem d.* mit etwas verfahren; *slâfen v.* schlafen gehn; *ich bin gevarn* mir ist es ergangen

vart st. f. II Fahrt, Weg; Spur

vaste Adv. fest, dicht, nahe; stark

vedere sw. f. Feder; Plur. flaumiges Pelzwerk

vehten st. fechten, kämpfen; *ane v.* beunruhigen

veige dem Tode bestimmt, verfallen; eben getödtet; Adv. *veiclîche* hinfällig

vellen sw. fällen, zu Falle bringen

velschen sw. fälschen; *gevelschet varwe* Schminke

venster st. n. Fenster, Fensteröffnung

verch st. n. innerstes Leben, Sitz des Lebens

verchbluot st. n. Lebensblut, Herzblut

verchgrimme so wüthend, dafs es ans Leben geht

verchtief tief bis aufs innerste Leben

verchwunde sw. f. Todeswunde

verchwunt (*-des*) todwund

verdagen sw. verschweigen, *einen ein d.* mit etwas verschwiegen sein, zurückhalten

verdenken anom. *sich* sich bedenken, vorsehn

verdienen sw. (durch Dienst) erwerben, vergelten; sich verdienen

verdiezen st. austönen, verhallen

verdriezen st. *mich verdriuzet* mir wird zuviel; *eines d.* etwas fällt mir lästig

verenden sw. zu Ende bringen, vollenden

vervâhen anom. *einen* fördern, einem helfen

verge sw. m. Fährmann

vergezzen st. *eines d.* etwas vergessen

vergîseln sw. *einen* verpfänden, zum Pfande geben

verheln st. *einen ein d.* einem etwas verheimlichen

verhouwen st. in Stücke hauen; verwunden, erschlagen

verjehen st. *eines d.* etwas aussagen, bekennen; versprechen; *einem eines d.* einem etwas nachsagen, zugestehn

verirren sw. irre führen, *einen eines d.* berauben

verkêren sw. verändern, umwandeln

verkiesen st. *ein d.* aufgeben; *ûf einen* einem verzeihen

verklagen sw. *einen* zu beklagen aufhören, verschmerzen

verlâzen st. loslafsen; unterlafsen: lafsen, verlafsen

verliesen st. verlieren, verderben; nutzlos thun

verligen anom. liegend versäumen

vermelden sw. verrathen

vermezzen st. *sich das Mafs* seiner Kräfte zu hoch anschlagen, *eines d.* sich einer Sache erkühnen

vermîden st. *ein d.* unterlafsen

vernemen st. erfahren, hören, *umbe einen* von einem

ferrans Zeug von Seide oder Wolle

verre fern, entfernt, weit; Adv. fern, weithin, *verre dan*; bei Comparativen: weit; Superl. *verrist* Adv. in der weitesten Ferne

verrihten sw. aus der Ordnung bringen; verstören

verrücken sw. aus der Stelle bringen, verrücken

versagen sw. abschlagen; *einem v.* oder *dienst v.* Dienstbereitschaft aufkündigen

verschrenken sw. mit Schranken umziehn

verschrôten st. zerhauen

versehen st. *sich* vermuthen, *eines d.* auf etwas rechnen

versinnen st. *ein d.* merken, *sich* sich besinnen, entschliefsen; *sich eines d.* sich einer Sache bewust sein, etwas bemerken

versitzen anom. *ein d.* sitzend, wohnend versäumen

versmâhen sw. *einem* geringfügig vorkommen, gleichgültig, zuwider sein

versnîden st. durchschneiden, verwunden

versolden sw. besolden, beschenken

versoln sw. verschulden, verdienen; die Schuld abtragen, vergelten

versprechen st. verreden, abweisen

verstân anom. warnehmen, bemerken; *ze arge* als Feindschaft auslegen; *sich v.* verstehn, sich besinnen, *eines d.* bemerken; Part. *verstân* verständig

versteln st. wegstehlen

versuochen sw. versuchen, erproben; besonders: durch Angriff und Kampf sich mit jemand mefsen; *es an einem v.* sich an jemand machen verswenden sw. verschwinden machen

verswenken sw. wegschwingen, gábe freigebig austheilen

vertragen st. hingehn lafsen, ertragen

vertuon anom. verbrauchen, weggeben

verwænen sw. sich eines jemand zu finden hoffen

verweisen sw. verwaisen, berauben

verwenden sw. hinwenden, hingeben

verwioren sw. einlegen

verwinden st. verschmerzen

verwízen st. zum Vorwurf machen

verzagen sw. von einer That abstehn, zurückweichen

verzíhen st. aufgeben

vesten (-enen) sw. befestigen, versichern, zusichern

vezzel — schiltvezzel

víant, víent, vínt (-des) st. m. Feind; Compar. vínder feindseliger

videlære st. m. Fiedler, Geigenspieler

videle sw. f. Fiedel, Geige

vil Adj. nur im unflectierten n. vorhanden; mit G. wo wir: viel adjectivisch gebrauchen: vil der ríche viele Reiche; Adv. sehr, vor Compar. viel

vinden st. finden, antreffen, erfahren, ein d. an einem an und von einem

vingerlín st. n. Fingerring

vinster st. f. Finsternis

viuwerstat st. f. II Feuerstätte

vlégen vléhen sw. demüthig und inständig bitten, flehen

vliesen — verliesen

vliezen st. fliefsen, schwimmen, vom Wafser getragen werden

flinsherte kieselsteinhart

vlíz st. m. Eifer, Sorgfalt; se flíze eifrig, sorgfältig

flízeclíche, -lích Adv. eifrig, sorgfältig

flízen st. auch sich fl. eifrig sein; eines für jemand sorgen, eines d. etwas eifrig betreiben

vloite sw. f. Flöte; vloitieren sw. Flöte blasen

vluot st. f. I und II Flut, strömendes Wafser; bí der fluote am Strande

vluz (-zes) st. m. II das Fliefsen, Strömen

voget, vogt, voit st. m. Vormund, Verweser, Schirmherr, Fürst

vol (-les) Adj. voll, vollständig; vol, vollen Adv.

völlig, ganz, bis zu Ende: volsprechen ausreden, vol komen bis hin gelangen

volc st. n. Volk; Heer, Heerschar

volgen sw. folgen, begleiten, einholen; auch mite v.; eines d. v. in etwas gleichkommen; folgsam sein, befolgen

volle sw. m. Fülle, Vollständigkeit; iuch endûhte niht der v. an euch schien es nicht genug zu sein mit; mit vollen in Fülle, völlig

volleclích Adj. und Adv. völlig, volleclíche Adv. ganz, durchaus

volziehen st. eines d. etwas ausführen

von Praep. mit D. von, von — her, von — weg, von — heraus, aus, wegen

vor Adv. vorn; vorher; Praep. mit D. vor

vorhte st. f. auch Plur. Furcht, ze einem oder an einen vor einem

vorhtlích furchtbar

vrâgen sw. eines oder eines d. nach einem, einer Sache

vrevellíchen Adv. kühn

vreischen st. erfahren, vernehmen

freislích schrecklich, gefährlich; Adv. freislíchen

vremde, vrömde fremd, fern, unbekannt, selten

vremden sw. meiden

vride st. m. Frieden

vriden sw. ez v. Frieden schaffen; einen v. beschützen

vriedel st. m. Liebster, Geliebter

vristen sw. unversehrt erhalten

vríthof (-ves) st. m. Vorhof, Kirchhof

vriunt (-des) st. m. (N. und A. Plur. vriunt) Freund, Verwandter, Gefolgsmann

vriuntlích freundlich; Adv. friuntlíche in der Weise eines Freundes, gütlich

vriuntschaft st. f. II Freundschaft, Verwandtschaft

vrô Adj. und Adv. froh, eines d. über etwas

vrôn dem Herren, besonders Gott gehörig, heilig

vröude st. f. oft Plur. Freude, Vergnügen

vröuwen, vrouwen sw. erfreuen; sich eines d. sich über etwas freuen

vrouwe, vor Namen: vrou sw. f. Herrin; Dame, Frau

früeje, fruo Adv. früh

vrum, im Reim auch vrun st. sw. m. Vortheil, Nutzen

trümekeit st. f. Tüchtigkeit

vrumen sw. fördern, schicken, schaffen; einem helfen; mit prädicativem Adj. machen; tôt fr. todtschlagen; vallen frumen zu Falle bringen

füegen sw. trans. verbinden, einem ein d. zu Theil werden lassen, bescheren; mit Inf. oder Nebensatz: bewirken; sich f. sich ereignen

vüeren sw. führen, bringen, tragen

vuoge st. f. Anstand; Kunstgeschicklichkeit

fuoz st. m. II Fuß, einen f. einen Fuß breit; an den f. gân dicht vor jemand hintreten, für die füeze in den Weg treten

für Praep. mit A. vor, zu, gegen, vor — hin, vorbei an: anstatt: Adv. vorwärts, hervor, voraus, vorüber

fürbaz Adv. weiterhin, fürderhin

vürbüege st. n. Brustriemen der Pferde

vürewîse Adv. vergeblich

fürgespenge st. n. Spange vor der Brust

vürhten anom. ein d. und eines d.

furt st. m. II Furt

G.

gâch (-hes) und gæhe Adj. und Adv. eilig; mir ist gâch ich habe Eile, bin eilig, eifrig; adverbialer G. gâhes eilig

gadem st. n. Gemach, Zimmer

gagensidele st. n. Sitz gegenüber (dem Wirthe), Ehrenplatz

gâhen sw. eilen; eines d. beschleunigen

gân, gên anom. gehen, kommen; mit Inf.: um zu, an ein d. etwas beginnen, angreifen; abe gân eines d. von einer Sache abstehn; umbe gân hergehn, sich wenden

gar (-wes) fertig, bereitet, gerüstet; Adv. ganz, vollständig, insgesammt

garzûn st. m. Fußknappe, Page

gast st. m. II Fremder, besonders fremder Krieger

ge- tritt vor Verbalformen, die nicht mit Praepositionen zusammengesetzt sind, verstärkend und die Handlung abschliessend; verleiht daher dem futurischen Praes. die Bedeutung des Fut. exact., dem Praet. die

des Plusquamperfects: obe dir got gefüeget wenn dir Gott beschert haben wird: dô die wegemüeden ruowe genâmen sich Ruhe bereitet hatten; sehr häufig vor Inf. die von den Praeteritopraesentien abhängen: kunde gevolgen

gebære, gebærde st. f. Gebährde, Betragen, Haltung

gebâren sw. sich benehmen

gebénde st. n. Bande; Kopfputz der Frauen

gebieten st. befehlen; antreiben; anbieten: swaz, swie ir gebietet was, wie es euch beliebt: got sol gebieten möge fügen; aller mîner êren der got an mir gebôt die Gott mir verlieh

gebreste sw. m. Mangel

gebresten st. gebrechen, mangeln; mir gebrist eines d. oder an einem d.

gedanc st. m. das Denken

gedigene st. n. Schar der degene, Rittergefolge

gedinge sw. m. st. n. Hoffnung; Vorsatz

gedranc (-ges) st. m. Gedränge

gerâhen st. intr.: eine Richtung nehmen, nâch dem künne nicht aus der Art schlagen

gevar (-wes) gefärbt, farbig; lieht g. hellfarbig

gevelle st. n. abschüssige oder durch umgestürzte Bäume, herabgerollte Felsen unwegsame Gegend

geverte st. n. Art zu varn, Ausrüstung, Aussehn

gefügele st. n. Gevögel, Vögelvolk

gegen, gein, gên Praep. mit D. gegen, gegenüber; Adv. entgegen

gehaben sw. halten, vor g. vorenthalten; sich g. sich befinden

gehaz (-zes) feindlich, feindselig

geheiz st. n. Versprechen

gehilze st. n. Schwertgriff

gehünde st. n. Hundeschar

gejeide st. n. Jagd; Jagdbeute

gelangen sw. verlangen, sich eines d. gel. lâzen sich nach einer Sache gelüsten lassen

geleben sw. leben, aü d. erleben

geleite st. n. Geleit, Schutz, Begleitung

gelf, gelph übermüthig, frech; st. m. Uebermuth

gelîch gleich, eines g. einesgleichen; Adv. gelîche gleichmäßig; g. ligen auf dem gleichen Spiele stehn *gelîchen* sw. *sich* gleichkommen

gelouben sw. glauben; *sich eines d.* etwas aufgeben, von einer Sache abstehn

gelt st. m. und n. Zahlung, Ersatz; Pfand

gelten st. zurückgeben, bezahlen

gemach st. m. Ruhe, Bequemlichkeit

gemahele st. f. Verlobte, Gemahlin

gemeine gemeinsam, allgemein; Adv. insgemein

gemeit froh, freudig; ansehnlich, stattlich; auch *wol g.*

gemelich lustig, scherzhaft

gemuot gesinnt, gestimmt: *hôchg.* frohsinnig, freudig

gén s. *gegen*; s. *gân*

genâde st. sw. f. Herablassung, Huld, Güte; in der Anrede elliptisch: ihr seid gütig, ich danke, oder: seid gnädig, ich bitte; daher *genâde sagen* Dank sagen

genœdeclîchen Adv. huldvoll

genesen st. mit dem Leben davon kommen, am Leben bleiben

genieten sw. *sich g. eines d.* sich an einer Sache sättigen, erfreuen

geniezen st. *eines d.* von einer Sache Nutzen oder Genufs haben; auch ironisch: für etwas büfsen; *genozzen hân* von Hunden, die ein Stück Wildbret bekommen, um die Fährte desto eifriger zu verfolgen

genœte eifrig, *eines d.* begierig nach; Adv. *genôte* eifrig, fleifsig, heftig

genôz st. m. Standesgenofse, *eines g.* einem an Würde gleich

genuoc (-*ges*) genug, Plur. hinreichend viele

gepîuse st. n. Stofs, Schlag

ger gir st. f. Begierde, Verlangen, *mir ist g.* ich strebe

gér gére st. und sw. m. Spiefs zu Wurf und Stofs

gére sw. m. Schofs, Saum des Kleides

gereht geschickt, bereit

gereite st. n. Reitzeug

gern sw. *eines d.* begehren, *an einen und ze einem* von einem

gerne Adv. mit Vergnügen, gern, leicht; Compar. *gerner* lieber, mit mehr Lust

gerwen sw. rüsten

gesœze st. n. Sitz

geschehen st. *einem geschiht* wird zu Theil; auch: jemand thut

geselle sw. m. Gefährte, Freund

gesellen sw. *sich* sich mit einem Gefährten verbinden

geselliclîche Adv. zu, in Gesellschaft

gesidele st. n. Einrichtung zum Sitzen

gesinde st. n. Dienerschaft; Kriegsgefolge: sw. m. Gefolgsmann

gesiune st. n. Gesicht

gesmîde st. n. Geschmeide, Reitzeug

gespan, gespenge st. n. Spangen an der Rüstung

gestân, gestên anom. stehn bleiben, bleiben, unterbleiben; *eines d.* gegen etwas Stand halten; *einem g.* zur Seite treten, beistehn; *einem eines d.* einem bei einer Sache helfen, etwas erlauben

gesteinet mit Edelsteinen besetzt

gesträut hin und wieder aufgesetzte Stücke Pelzwerk

getürstic (-*ges*) kühn

getwerc (-*ges*) st. n. Zwerg

gewœfen st. n. Rüstung, Waffen

gewœte st. n. Kleidung

gewahs scharf

gewalt st. m. Gewalt, Herrschaft, Befehl; Gewaltthätigkeit

gewaltic (-*ges*) mächtig, *eines d. g. sîn* über etwas gebieten

gewerbt st. m. Geschäft, Werbung

gewerlîchen Adv. wehrhaft; — *gewarlîchen* behutsam

gewinnen st. *ein d.* erwerben, erlangen; holen; *an einem* einem abnehmen, abgewinnen; *einen von einem d.* abbringen

gewonheit st. f. II Gewohnheit, Sitte

gewonlich der Sitte gemäfs

gewürhte st. f. gewürkte Arbeit

gezierde st. f. Schmuck

gezimber st. n. Gebäude

geziuge sw. m. Zeuge

gezogenlich wohlerzogen, anstandsvoll; Adv. *gezogenlîche*

gîge sw. f. Geige

gîsel st. m. Kriegsgefangner, Geisel

glanz glänzend; st. m. Glanz

goltvar (-*wes*) goldfarbig

goltvaz (-*zes*) st. n. goldenes Gefäfs

gotes arm ganz arm
gouch st. m. Kuckuk; Bastard
goume st. f. prüfende Aufmerksamkeit; *g. nemen eines* auf jemand Acht geben
grd (*-wes*) grau; Subst. Grauwerk, Art Pelzwerk
gram feindlich
gremelich grimmig, schrecklich; Adv. *gremelicke, grimeliche*
grimme Adj. und Adv. grimmig, zornig; st. f. Grimm, Zorn
grise grau, greis, alt
griulich grausig, grauenerregend
gróз dick, stark; Adv. *gróзe* sehr
græзlich grofs, Adv. *græзlichen* sehr, gewaltig
grüeзen sw. ansprechen, begrüfsen
gunnen anom. gerne sehen; *einem eines d.* einem etwas gönnen, wünschen; *einem ein d. ze tuonne* gestatten, erlauben
guot gut, tüchtig, förderlich; freundlich; aus gutem Geschlecht; *guote liute* Kranke und Arme; Adv. *güetlichen* freundlich; *guot* st. n. Habe, Gut; gute Absicht

H.

habe st. f. Habe; Hafen
haben sw. halten; *ûf haben eines d.* inne halten mit; anom. haben; *h. für* für — halten; *den tôt an der hant h.* sicher haben, sterben müfsen
hæle st. f. Hehl; *h. hân eines d.* etwas verheimlichen
haven st. m. Topf
halpswuol st. n. unbekanntes Thier
halsperc (*-ges*) st. m. Panzerhemd mit Kappe
halt Adv. und Conj. vielmehr; in Concessivsätzen: auch immer
handeln sw. verfahren, *einen* behandeln
hant st. f. II Hand; als Umschreibung: *Sifrides h. = Sifrit; ein h. зer hant, зen handen, зe зinen handen* ein Held durch seiner Hände Kraft; *zuo eines handen stân* einem unterthänig sein; *einen under die hende nemen* vornehmen um zu überreden; *aller hande* aller Art
harm st. m. Hermelinthier
harnas (*harnasch*) st. n. Harnisch

harnaschvar (*-wes*) vom Harnisch gefärbt, schmutzig
harte Adv. stark, sehr
haз (*-зes*) st. m. Hafs, Feindseligkeit
heben anom. heben, erheben, anfangen; *sich h., sich an heben* anfangen, *sich ûз, dan heben* wegziehn, *sich an ein d. heben* zu einer Sache aufbrechen
hei, hey Interj. vor Ausrufen
heiden st. m. Heide
heil st. n. Glück
heim adverbialer A. nach Hause; *heime* D. zu Hause
heimgesinde st. n. Hausdienerschaft, eigenes Gefolge
heimliche st. f. Heimlichkeit, Vertraulichkeit; *in h.* unter Vertrauten
heimliche Adv. heimlich, vertraulich
heimuot st. n. Heimat
heiзen st. neunen; genannt sein; mit Inf. oder A. und Inf. befehlen; *einen liegen h.* sagen, dafs jemand lügt
helde, der = hel[n]de Part. Praes. der (sich) verbergende, verborgne
helfe st. f. Hilfe; Gefolge, Heer in eines Dienst
helfen st. *einen* und *einem; einem eines d.* verhelfen zu, helfen bei
helflich hilfreich
hellen st. hallen, tönen
helm st. und sw. m.
helmevaз (*-зes*) st. n. Helm
helmgespan st. n. Helmgespänge, Helmbänder
helmhuot st. m. Helm
helmschîn st. m. Helmglanz
heln st. verhehlen, verbergen, *einen ein d.* verheimlichen
helt (*-des*) st. m. (Schützer) Held, tapferer Krieger
handeblóз blofs wie eine Hand
her Adv. hierher; bisher, bis jetzt
her = er Pron. 3. Pers. Sg. m.
hér, hére hoch, vornehm; froh, *eines d.* über etwas
herberge st. sw. f. auch Plur. Wohnung, besonders für Fremde; Lagerplatz bei der Jagd
herbergen sw. Herberge machen, sich niederlafsen; *einen* beherbergen; in Quartier legen

hervart st. f. II Kriegszug
herverten sw. eine Heerfahrt machen, mit einem Heere ziehn
hergeselle sw. m. Kriegsgefährte
hérgesidele st. n. Hochsitz, Sitz für Vornehme
hergesinde sw. m. Gefolgsmann
hérlích vornehm, ausgezeichnet; Adv. hérlíchen herrlich
hermín von Hermelin
hermüede kriegsmüde
hérre, herre, vor Namen und Titeln auch hér, her, er sw. m. Herr, vornehmer Mann
herte st. f. Schulterblatt
herte, hart hart, schwierig, gefährlich: h. schar dichte Schar; Adv. in herte gemuot festgesinnt; st. f. schwerer Kampf
herze sw. n. (herze auch st. D.); ze h. kumen herzlich lieb werden
herzeleit (-des) herzbetrübend; st. n. und herzeleide st. f. herzergreifendes Leid
herzeliebe st. f. Herzensfreude
herzentrût st. n. Herzliebchen
hie Adv. hier; vor Adv. und Praep. hier: h. inne, h. umbe
hinde st. f. Hindin, Hirschkuh
hinder Adv. hinten; Praep. mit D. und A. hinter; h. sich zurück
hine Adv. hinweg, hin; elliptisch: fahre hin! hinwidere zurück
hinne = hie inne
hinnen, hinne Adv. von hier, von hinnen, fort
hínte = hínahte Adv. in dieser Nacht
hírât st. m. Heirath
hirз st. m. Hirsch
híwen, híen sw. heirathen
húch (-hes) hoch, vornehm; hóher wint lauter Wind; h. muot gehoben, freudiger Sinn; h. strít starker Streit; hóhez spil Spiel um einen hohen Preis; Adv. húch, hóhe hoch, gewaltig, sehr; hóch tragende herzen von Freude gehobne; h. stán auf dem Gipfel stehn, einen theuer zu stehn kommen; Compar. hóher bei Verbis der Bewegung: zurück, weg
hóchvart st. f. II hohe Art zu varn, edles, stolzes Benehmen
hóchverte, hóchvertic (-ges) stolz
hóchverten sw. stolz handeln

hóchgemüete st. n. Hochsinn, Freudigkeit
hóchzít, hóchgezít st. f. II Fest, bildlich für Kampf
hœhen sw. erhöhen, den muot den Sinn erfreuen
hœnen sw. schmähen, der Ehre berauben
hof (-ves) st. m. eingeschlofsner Platz; Aufenthalt, Umgebung des Königs; ze hore zum, beim Könige oder zu, bei einer fürstlichen Person
horemœre st. n. Nachricht an den Hof
horereise st. f. Fahrt zum Könige
hövesch, hübesch dem Hofe angemefsen, fein
höverscheit, höfscheit st. f. feine Sitte, Artigkeit
holde sw. m. Lehnsmann
holt (-des) geneigt, lieb, treu; besonders vom Herrn gegen den Diener und vom Diener gegen den Herrn; holden hán lieb haben, sich geneigt machen
hort (-des) st. m. Schatz
hübeschen sw. auf höfische Weise sich unterhalten
hüeten sw. eines Achthaben auf; eines d. behüten
hulde st. f. Huld; Erlaubnis
hulft st. f. II Futteral, Ueberzug
huote st. f. Aufsicht, Wache, eines gegen jemand; schœne h. anständiger Gewahrsam
hurnín hörnen, von Horn
hurte st. f. losrennendes Stofsen
hurtlíchen, hurticlíchen mit Stofse losrennend
hûs st. n.; ze hûse komen nach Hause, in ein Haus gelangen
hütte sw. f. Hütte, Gezelt

I.

ie Adv. (von der Vergangenheit) immer; jemals; in Nebensätzen: nie
iedoch, idoch Conj. dennoch
ieman (-nes), iemen jemand; in Nebensätzen: niemand
iemer, immer, imer Adv. (von der Zukunft) immer; jemals; immer mére immer künftig; in abhängigen Sätzen: nie wieder
ieslích, islích jeder
ietweder jeder von beiden
iht irgend etwas; mit G.; Adv. irgend, etwa; in abhängigen Sätzen = niht
in Praep. mit D. und A. in; Adv. hinein
ín Adv. hinein, herein; Praep. = in

inder Adv. irgendwo, irgend
ingesinde st. n. Hausgenofsenschaft; Gefolge
inne, innen Adv. inne, inwendig; eines d. i.
  werden gewahren, merken; i. bringen mer-
  ken, einsehen lafsen
innerclîchen Adv. im Herzen, innig
innerthalben Adv. auf der innern Seite
inre Praep. mit D. innerhalb, binnen
irren sw. eines d. abbringen, abhalten von
iteniuwe ganz neu
itewîƷe st. f. Vorwurf
itewîƷen sw. vorwerfen, vorhalten

J.

jâ Interj. ja, fürwahr (im Anfang des inver-
  tierten Satzes); verdoppelt jariâ
jâmer st. m. Seelenschmerz, Trauer, Leid
jâmerhaft, jæmerlîch schmerz-, leidvoll, kläg-
  lich; Adv. jæmerlîche, jæmerclîche
jegere st. m. Jäger
jehen st. sagen, eines d. etwas aussagen; einem
  eines d. j. einem etwas nachsagen, zuspre-
  chen; versprechen; einem j. (ergänze: des
  siges); eines oder eines d. jehen ze oder
  für jemand, etwas bezeichnen als, erklä-
  ren für
jeit (-des) st. n. Jagd
jeilgeselle sw. m. Jagdgefährte, Jäger
junc (-ges); Superlativ jungist letzt; Adv.
  jungiste und ze jungist zuletzt
juncfrouwe sw. f. Mädchen, Jungfrau aus
  edlem Stande

K. C. Q.

kamer sw. st. f. Schatz-, Schlafkammer
kanzwagen st. m. Wagen, dessen Räder mit
  eisernen Reifen beschlagen sind
kapelsoum st. m. Reisegeräth zum Gottesdienst
kaphen sw. an k. bewundernd anschauen, an-
  staunen
kappe sw. f. Mantel mit Kappe, Kapuze
kein — dehein irgend ein; kein
kemenâte sw. f. heizbares Zimmer, Frauen-
  gemach
kêre st. f. Gang hin und zurück
kêren sw. wenden; sich wenden
kiesen st. schauen, wahrnehmen; prüfen, wäh-
  len; den tôt k. sterben

kinne st. n. Kinn
kint (-des) st. n. Kind, auch Jüngling (junger
  Ritter) oder Mädchen; Deminutiv kindelîn,
  kindel
kintlîche Adv. mit kindlicher Einfalt, Thorheit
klaffen sw. schallend aufschlagen
klâfter st. f. Mafs der ausgebreiteten Arme
klage st. f. Klage, Gegenstand der Klage
klagen sw. einen beklagen
clâr hell, glänzend, schön
kleine fein, klein, gering, unbedeutend; Adv.
  wenig, ironisch = niht
klenken sw. klingen machen, tönen lafsen
kneht st. m. Knabe; Knappe, Krieger, der zu
  Pferde dient
kochære, kocher st. m. Köcher
kovertiure st. f. Decke; Pferdedecke
kolter st. m. Polster, Bettdecke
komen, kumen st.; einem zu einem; ze rossen k.
  das Pferd besteigen, ze swerten k. die Schwer-
  ter ergreifen; in kleider k. sich anziehn
kone sw. f. Ehefrau; konen mâc oder
  konemâc st. m. Verwandter durch die Frau
koste st. f. Preis; Aufwand; Zehrung
koufen sw. kaufen; erwerben
kradem st. m. Lärm
kraft st. f. II Kraft; Menge
kranc schwach
kreftic (-ges) stark, gewaltig; reichlich; Adv.
  krefticlîche
kristen st. m. f. Christ; kristenlîch christlich
criuze st. n. Kreuz
quâle st. f. Qual, Marter
kuche sw. f. Küche
kuchenkneht st. m. Koch
queln st. qualvoll leiden
queln sw. quälen, martern
küelen sw. abkühlen, den muot die Lust be-
  friedigen
kumber st. m. drückendes Leid, davon Adv.
  kummerlîchen kummervoll
kûme Adv. mit Mühe, mit Schmerzen
künde bekannt; st. f. Bekanntschaft
künden sw. verkündigen, bekannt machen
künne st. n. Geschlecht
kunnen anom. wifsen, verstehn, können
kunt (-des), kündic (-ges) bekannt
küntlîch Adv. deutlich

kuolen sw. kühl werden, sein
kurzewile st. f. Kurzweil, Spiel, Vergnügen
kurzewilen sw. kurzweilen, spielen, sich vergnügen

L.

laden sw. (und st.) einladen
laden st. (und sw.) aufladen, beladen
lancreche rachsüchtig
lange Adv. lange, seit lange; ironisch = stets; Compar. langer und lenger
lant (-des) st. n. Land, ze lande heimwärts, her ze l hierher
lantliute st. m. Plur. Landbewohner
laster st. n. Schande
lasterlichen, lesterlichen Adv. schimpflich
lázen anom. lassen, zulassen; zurücklassen; l. und abe l. los lassen, unterlassen; stên, sîn, bolîben l. unterlassen, auf sich beruhen lassen; sich eines d. an einen l. sich in etwas verlassen auf; sîniu d. ûf ére seine Sache auf Ehre stellen
leben sw. leben, sich benehmen; st. n. Leben, Benehmen
ledic (-ges) frei, ledig, los; Adv. ledicliche
legen sw. legen; in Quartier legen; ablegen, ein stráfen zeiner suone aufhören zu schelten, um sich zu versöhnen; sich an legen sich ankleiden
leger st. n. Lager
leich st. m. Lied von ungleichartigen Strophen, gesungen oder gespielt
leide Adv. leid-, schmerzvoll; st. f. Betrübnis
leiden sw. leid machen, verleiden; leid sein
leie st. f. maneger l. mancher Art; als Subst. mit G. der (steine) lûhte m. l. mancherlei Steine leuchteten
leinen sw. lehnen
leit (- des), leitlich schmerzvoll, leid; leit st. n. Leid; l. hdn nâch einem nach einem verlangen, sich sehnen
leiten sw. führen, geleiten
leitschrîn st. m. Reisekasten
leschen sw. auslöschen (trans.)
lest letzt
lewe sw. m. Löwe
liebe Adv. zu liep; st. f. Lust, herzliches Wohlgefallen, Liebe; durch eines L einem zu Liebe, um eines willen

lieben sw. lieb, angenehm sein
liegen st. lügen
lieht glänzend, licht; Adv. liehte
liep (-bes) lieb, angenehm, freundlich; st. n. der, die Liebste
liet (-des) st. n. Lied, eigentlich Strophe, daher gern Plur.
ligen anom. liegen; sich legen, fallen, aufhören; ringe gelegen sîn schwach darniederliegen, dahin sein; tôt l. todt sein, sterben, vor einem durch jemand; an einem ligot jemand besitzt; doch an Rüedegére lît unser fröuden val mit R. sank unsere Freude dahin
lihen st. verleihen, zu Lehen geben
lihte Adv. leicht, vielleicht; das ist harte lihte es geschieht, findet sich leicht
lintrache =: lintdr. sw. m. Lindwurm
linde sw. f.
lîp (-bes) st. m. Leben, Leib; als Umschreibung: Sîfrides l. = Sîfrit
list st. m. Kunst, arger l. schlimmer, böser Streich
liste sw. f. Leiste, Borte
lit (-des) st. n. Glied
liuhten sw. leuchten
liut st. n. Volk; Plur. m. liute Leute
lobebære, lobelîch, lobesam lobenswerth, herrlich; Adv. lobelîche
loben sw. loben, preisen; geloben, versprechen, an eines hant mit Handschlag; l. (ze manne, ze wîbe) sich verloben mit
lohen sw. flammen, brennen
lop (-bes) st. m. und n. Lob, Preis
losen sw. lauschen, horchen
louc (-ges) st. m. Flamme
lougen sw. flammen
lougen (-enen) sw. leugnen; âne l. ungeleugnet, fürwahr
lougenlîche Adv. trügerisch, lügnerisch
ludem st. m. Lärm; ein unbekanntes Thier
luft st. m. II
lûter klar, hell; Adv. lûterlîche
lûtertranc st. m. Claret (über Gewürzen abgeklärter Rothwein)
lützel, lüzel klein; mit G. wenig; Adv. wenig, ironisch = niht

M.

mâc (*-ges*) st. m. Plur. auch sw. Seitenverwandter

mære st. n. Kunde, Nachricht, Geschichte, Sache; *niuwiu* m. unerhörte Dinge, *fremdiu* m. unerwartete Neuigkeit; *starkiu* m. schlimme Botschaft; m. *sagen* berichten, Auskunft geben: m., *der* m. *vrâgen* Auskunft, Nachricht verlangen

mære bekannt, berühmt, herrlich

mærzlîchen Adv. mäßig; ironisch — *niht magedîn, meidîn* st. n. Deminutiv von *maget, meit* st. f. II Jungfrau, Mädchen *magetlîch, meitlîch* jungfräulich

mâl st. n. Zeichen; Zierrath

mâlen sw. buntverzieren

man st. m. anom. Mann; Gatte; Lehnsmann

mâne sw. m. Mond

manen sw. erinnern, *eines* d. an etwas; *eines* d. oder mit Inf. auffordern zu

marc st. f. halbes Pfund Gold oder Silber

marc st. n. Pferd, Streitross

marc, marke st. f. Gränze; Gränzland

marcgrâve sw. m. königlicher Richter eines Gränzlandes

mârcgrâvinne st. f. Frau eines *marcgrâven*

marmelstein st. m. Marmor

marschalc st. m. Stallmeister (Hofamt), Aufseher des Gesindes

matraz st. f. Polsterbett

maz (*-zes*) st. n. Speise

mâze st. f. Maß; sw. in *âne mâzen*; D. Plur. *mâzen* adverbial: mäßig; ironisch — *niht*

mehelen sw. vermählen, verloben

mein st. m. Falschheit, Verrath

meineclîchen Adv. verrätherisch

meineide meineidig, eidbrüchig

meinrât st. m. II Plur. Verrath

meinrœte verrätherisch

meinen sw. *ein* d. im Sinne haben, bezwecken, verursachen; *einen* es auf jemand abgesehen haben

meist Superlativ zu *mêr* gröfst; Adv. meistens, am meisten

meister st. m. Meister, Herr; — *schifmeister*

meisterschaft st. f. II Meisterschaft, Herrschaft, Ueberlegenheit

meistic Adv. meistens

meituom st. m. Jungfrauschaft

meizoge sw. m. Knabenerzieher

melden sw. angeben, verrathen

menege st. f. Menge

mêre, mêr, mê defectiver Compar. mehr; substantivisch mit G.; Adv. weiter, künftig; bei Negationen: weiter, länger, *nie mêre* nie zuvor

merwîp (*-bes*) st. n. Wafserfrau

messe st. f. Metallklumpen; ein bestimmtes Gewicht

mete st. m. Meth

mettîne st. f. Mette, Frühmesse

michel grofs; Adv. sehr

mîden st. unterlafsen, entbehren, vermeiden: *sich eines* d. unterlafsen; entsagen

miete st. f. Lohn

milt (*-des*), *milte* freigebig; Adv. *miltlîche*

milte st. f. Freigebigkeit

minne st. f. Erinnerung; Liebe; *ze minnen* zum Andenken, als Geschenk; *die* m. *trinken* den Abschiedstrunk trinken

minneclîch lieblich, liebreizend; Adv. *minneclîche* lieblich, freundlich

minnen sw. lieben

minner adverbialer Compar. weniger, minder

missebieten st. *einem* und *ez einem* unglimpflich behandeln

missedienen sw. *einen* beleidigen

missevar (*-wes*) befleckt; entfärbt

missegân anom. übergehn

missehagen sw. missfallen

missetuon anom. anders als recht handeln

missewende st. f. Schandthat

mit Praep. mit D. mit, nebst, sammt; Adv. mit

mitte mittel; *mitter tac* Mittag

mœre st. m. Last-, Reise-, Damenpferd

molte st. sw. f. Staub, Erde

môraz st. m. und n. Maulbeerwein

morgenrôt st. m.

mort (*-des*) st. m. Mord; Gemetzel

mortlîch mörderisch; Adv. *mortlîche*

mortmeile mordbefleckt

mortræche mordgierig

mortræze mordscharf, mörderisch

müede st. f. Müdigkeit

müeden sw. müde werden

müejen sw. bekümmern, kränken, verdriefsen
müelich Adj. und Adv. mühevoll, schwer
müezen anom. müfsen, sollen: *daz si daz muoste sehen* vor ihren Augen; *die wîle ich leben muoz* so lange mir zu leben bestimmt ist; in Wünschen: *got müeze möge müezic (-ges)* unthätig, müfsig
mugen anom. können, mögen, dürfen; *wir mac wol wesen leit* ich bin mit Recht, natürlich betrübt, traurig
mûl st. m. II Maulthier
muome sw. f. Mutterschwester
muot st. m. Sinn, Sinnesart; Stimmung, Neigung; Meinung; *einen muot haben* einmütbig sein; *einem ze muote sîn* nach eines Sinn sein; *muot haben eines d.* Lust haben zu, wünschen, hoffen; *valscher m.* Falschheit; *zornes m.* Zorn; *mit lachendem muote* in fröhlicher Stimmung
muoten sw. *eines d.* verlangen nach
mûre st. f. Mauer

N.

nâch Praep. mit D. nach, hinter; wegen, um, zu, gemäfs; *nâch stichen* nachdem die Speere verstochen waren; *ez nâch der suone reden* für die Versöhnung sprechen; Adv. nahe, beinahe
nœhlîchen Adv. nahe, beinahe
næjen sw. nähen, schnüren; *einen in fürgespenge* einem das Kleid mit Spangen zuschnüren
nâhen Adv. nahe
nâhen (nen) sw. nahe sein, kommen
nahtes, des anomaler G. von *naht*: in der Nacht
nahtselde st. f. Nachtlager
ne Negationspartikel (incliniert oder vorangelehnt als *en: enkunde*) meist mit anderen Negationen *niht, nimmer* usw. verbunden; alleinstehend nur in kurzen Sätzen mit abhängigem Nebensatze: *ich enruoche waz, ich enweiz ob*; und in Nebensätzen, theils einschränkend und bedingend: *mirn zerinne friunde* wenn meine Freunde nicht ausbleiben, wobei *ne* auch fehlen kann: *in welle got behüeten* wenn Gott ihn nicht behüten will; theils bei negativem Hauptsatze ergänzend: *die degene wolden das niht lân*

ein drungen die Helden unterliefsen natürlich nicht zu dringen
neben Adv. zur Seite; *bî n.* einem neben einem
neve sw. m. Schwestersohn; Mutterbruder
nehein, nochein kein
nehten eigentlich D. Plur. in der Nacht, Nachts
nern sw. am Leben erhalten, retten
niden Adv. unten
nîden sw. hafsen
nidere, nider Adv. nieder, herab
nie Adv. niemals, nie (in der Vergangenheit); *nie mêre* noch nie
nieman (-nes), niemen niemand; mit G. *ander n.* keiner der andern
niemer, nimmer, nimer niemals, nicht mehr (in der Zukunft); *nimmer mêre* niemals wieder
niene, nine Adv. durchaus nicht
niezen — geniezen
niftel sw. st. f. Nichte
nîgen st. sich verbeugen, *einem* sich gegen jemand dankend verbeugen, einem danken
niht nichts; besonders mit G. *niht schildes* keinen Schild *hân*; Adv. nicht
ninder, nindert Adv. nirgends; nicht
nît (· des) Hafs, Zorn, Feindseligkeit
niu (-wes), niuwe neu; Adv. *niulîche* kürzlich
niwan (niht wan) Conj. nur, wenn nicht; nach Negationen: aufser, als
nochein s. *nehein*
nôt st. f. II Drangsal, Gefahr, Kummer; *âne n.* ohne Grund, nicht nothwendig; *n. ist eines d.* etwas ist nöthig; *mir ist nôt ze einem d.* verlange nach; *nôt gêt einem eines d.* etwas ist einem nöthig, er hat Ursache dazu
nôthaft bedrängt
nû, nu Adv. nun, jetzt; da (relat.)

O.

ob Praep. mit D. über
ob, obe Conj. ob, wenn; wenn auch; *waz ob* wie wenn!
och s. *ouch*
oder ode od Conj.
œheim st. m. Mutterbruder
offenlîchen Adv. offen
orden st. m. Stand; *kristenlîcher o.* die Christen
ors — ros (-ses) st. n.
ort st. n. Spitze

ut s. et
ouch Conj. auch; und o. und
ouwen sw. stromabwärts treiben
ówé Interj. o weh! ówé eines d. wegen, über etwas

P.

palas st. n. Gebäude, das eine Halle, einen Sal enthält
pantel st. n. Panther
pavilde — bevilde st. f. Begräbnis
peke — becke st. n. Becken
permint st. n. Pergament
pfaffe sw. m. Geistlicher
phant (-des) st. n. Pfand (alles, was zur Sicherung der Rechtsansprüche gegen einen andern dient); ph. erlœsen versetzte Pfänder einlösen; sprichwörtlich: aus Verlegenheiten befreien
phel, phelle, phellel st. m. Seidenzeug
phellin von phel
pherit, phert (-des) st. n. Reitpferd
phertgereite st. n. Reitzeug
phf Interj. pfui
phinxtac — phingesttac
phlege st. f. Plur. Aufsicht, Hut
phlegen st. handeln, verfahren; eines phl. umgehn mit, beaufsichtigen, sorgen für: eines d. betreiben, üben; verwalten, besitzen; mit Inf. treiben, pflegen
pirsen sw. jagen
pirsgewæte st. n. pirsgewant (-des) st. n. Jagdkleid
porte sw. st. f. Pforte; sw. f. Hafen; s. auch borte
portenære st. m. Pförtner
pouc s. bouc.
prehen — brehen leuchten
prís st. m. Lob, Ruhm, Preis; ze príse lobenswerth
prüeven s. brüeven
punæiz st. m. Anrennen zu Pferde mit den Speeren
pusúne sw. f. Posaune

Qu. s. Ku.

R.

ráche st. f. Strafe, Rache

rant (-des) st. m. auch schildes r. Schild
raste st. f. Meile
rát st. m. II Rath, Beschlufs; Verrath, Anschlag; Vorrath; âne friunde r. ohne die Freunde zu befragen; eines d. ze ráte werden zu berathschlagen beginnen über; eines, eines d. ist rát für, gegen jemand, etwas ist Rath, Abhilfe; etwas kann unterbleiben; r. haben eines d. etwas nicht nöthig haben, unterlafsen; guoten r. haben gern entbehren, unterlafsen; einem eines d. ze ráte tuon jemand befreien von; eines ze ráte tuon aus dem Wege schaffen
ráten st. rathen, berathschlagen; einem r. zureden, befehlen; ein d. beschliefsen; einem ein d. auch: gegen jemand auf etwas sinnen; an einen r. einem nachstellen
ráwen — ruowen sw. ruhen
ré (-wes) st. m. Todtenbahre
rechan st. rächen, strafen
recke sw. m. (verbannter, fremder Krieger) Held
rede st. f. Rede; Unterredung; Gegenstand einer Rede, der r. enist só niht damit steht es nicht so
reht st. n. Recht, Gebühr; richtige Handlungsweise; durch r. des Rechtes wegen; von rehte mit Recht, von Rechtswegen; ze rehte mit Recht; vor Gericht; r. hán Recht thun
reht recht, richtig; Adv. rehte recht; sehr
reichen sw. den Arm ausstrecken
reise st. f. Zug, Heerfahrt
reislícke Adv. zum Zuge gerüstet
reizen sw. reizen
rennen sw. laufen lafsen (das Pferd); schnell reiten
réwunt (-des) todwund
ríche, rích mächtig, gewaltig; vornehm; prächtig
ríche st. n. Reich
ríchen sw. ríche machen, schmücken
riechen sw. rauchen, dampfen
rigelstein st. m. Maueröffnung zum Abflufs vom Fufsboden
rihten sw. zurechtbringen; wahrmachen, bestätigen; sich r. sich rüsten; sich aufrichten
rinc (-ges) st. m. Ring, Kreis; Plur. Panzerringe, Panzer

ringe Adv. leicht, gering, billich
ringen sw. *ringe*, leicht machen, besänftigen
ringen st. kämpfen
rîsen st. fallen
rîter, ritter st. m. Ritter
ritterlich für Ritter geziemend; Adv. *ritterlîche*
rîterschaft st. f. II ritterliche Sitte, Uebung
rîterspîse st. f. Herrenspeise
riuhe st. f. Rauchwerk
riuwe st. sw. f. auch Plur. Betrübnis
riuwen st. einen betrüben, einem Leid thun
rôsevar (*-wes*) rosenfarbig
rouben sw. einen berauben
rücke st. m. Rücken; *ze rucke* zurück
rücken sw. bewegen, rücken; *dan* wegnehmen,
    entfernen
rüeren sw. in Bewegung setzen; berühren
rûmen sw. räumen, verlassen; *ez r.* weggehn
rûnen sw. raunen, geheim und leise reden
ruochen sw. sich kümmern; *eines* um jemand;
    eines d. auf etwas Rücksicht nehmen, etwas
    verlangen, wollen; mit Inf. thun wollen
ruofen st. *rüefen* sw. rufen
ruore st. f. Hetze, Meute
ruowe st. f. Ruhe

S.

sâ Adv. sogleich, alsbald
sabenwîze weiss wie *saben*, feine Leinwand
sælde st. f. auch Plur. Glückseligkeit, Heil
sælic (*-ges*) beglückt, gesegnet
sagen sw.; *ein d.* über etwas Auskunft geben;
    vorhersagen: *ir vil langez scheiden sagte
    in wol der muot ûf grôzen schaden ze
    komene* Ihr Gemüth weissagte ihnen ihre
    lange Trennung (zum kommen in grofsen
    Schaden:) durch die sie in grofsen Schaden
    kommen sollten
sahs st. n. Pfeilspitze
sal st. m. Langhaus mit Halle
sal (*-wes*) schmutzig, trübe
salwen sw. schmutzig, trübe werden
sam — sô Adv. so; wie; gleichwie; Conj. mit
    Conjunctiv als ob, als wenn
samenen sw. versammeln
sampfte, samfte, sanfte Adv. sacht, leicht,
    langsam: angenehm, gern; Compar. *sanfter*
    und *senfter*

samt Adv. zusammen; Praep. mit D., auch *mit
    s. mit*
sân Adv. = *sâ*
sant (*-des*) st. m. sandiges Ufer, Strand
schâchære st. m. Schächer, Räuber
schâchen sw. rauben
schaffen st. und sw. bewirken, verschaffen, be-
    reiten, anordnen; *gemach s.* Ruhe bereiten,
    es bequem machen
schaft st. m. II Spiefsschaft, Spiefs
schal (*-les*) st. m. Schall, Lärm, besonders freu-
    diger bei ritterlichen Uebungen
schale (*schalle*) st. sw. f. Schale
schalte st. und sw. f. Stange zum Fortstofsen
    des Schiffes
schamel st. m. Schemel; Fufstritt bei Frauen-
    sätteln
schapel, schappel st. n. Kranz von Blumen oder
    Bändern; Kopfputz besonders der Jung-
    frauen und Frauen
schar st. f. Schar
scharhafte Adv. in Scharen
scharmeister st. m. Führer des Kriegsvolkes
scharph, schärf scharf
schedelîche Adv. mit Schaden
scheiden st. intr. Abschied nehmen; trans.
    trennen, beendigen; *ez s.* den Streit bei-
    legen; *sich s.* aufhören
schef — schif
scholch st. m. unbekanntes Thier
scholden, scholten st. schmähen
schollen st. ertönen
schemelîch schimpflich
schenden sw. beschimpfen
schenken sw. einschenken
scherm st. m. Schild
schermen, schirmen st. parieren, *einem* schützen
schicken sw. fertig machen; senden; *die reise
    den Heereszug* an- und abordnen
schiere, schierlîche Adv. bald
schifmeister st. m. Fährmann
schiltrezzel, schilder. st. n. Riemen zum Um-
    hängen des Schildes
schiltsteine st. n. Edelsteine als Schildzier-
    rath
schiltwache st. f. Wache in voller Rüstung
schimphen sw. scherzen
schîn offenbar; sichtbar, deutlich; *ein d. und*

eines d. sch. tuon beweisen; st. m. Glanz; Blick
schînen st. leuchten, scheinen; sich zeigen; sch. lâzen zeigen
schœne, schœn schön, Adv. schône artig, fein
schône st. f. Schönheit
schôz st. f. Schofs
schrecken st. auffahren, erschrecken
schult, schulde st. f. Schuld, Veranlafsung; âne sch. ohne Recht, Grund; von schulden mit Grund, Recht; von wâren, grôzen sch. mit vollem Recht; von einer sch. durch eines Veranlafsung, um eines willen
sê (-wes) st. m. der, die See
sedel st. m. Sitz
segel st. m.
sehen st. sehen; besuchen; blicke s. Blicke werfen
seine Adv. langsam, spät; ironisch — niht
seite st. f. Saite
selden, selten Adv.; oft ironisch: nie
selp (-bes) N. meist sw., sonst st. selbst; der, dirre selbe derselbe, dieser; selbe zwelfter selbst als zwölfter, mit elf andern
seltsæné seltsam
semfte angenehm; st. f. angenehme Bequemlichkeit
senede, eigentlich senende Liebesschmerz empfindend
senelîche Adv. voll Seelenschmerz, Trauer
senften sw. erleichtern, mäfsigen; erfreuen; leicht werden
sêr st. n. auch f. Schmerz
sêre Adv. sehr
sêren sw. betrüben
sic (-ges) st. m. Sieg
sicherheit st. f. II Versicherung
sicherlîch Adj. und Adv. zuverläfsig, sicher
sichern sw. zusichern, versichern
sidel st. f. Sitz
sideln sw. einem Sitze bereiten für
sider Adv. seitdem, nachher
sîdîn seiden, von Seide
sigen sw. einem an s. besiegen
sîgen st. sinken
sîn s. wesen
sin (-nes) st. m. Sinn; Meinung, Absicht; Verstand; guote sinne Einsicht

sinnelôs bewustlos
sint s. sît
sippe verwandt; st. f. Verwandtschaft
sît, sîd, sint Adv. darauf, nachher, da; Conj. seitdem, da; weil; sît daz, sît diu da
site st. m. Sitte, Gewohnheit, Art; oft Plur. Benehmen
sitzen anom. sitzen, sich setzen; gesezzen sîn wohnen
siuften sw. seufzen
slâ st. f. (aus slage) Spur, Fährte, Weg
slahen st. schlagen, erschlagen; an sl. antreiben
slahte st. f. Geschlecht, Art; deheiner sl. keiner Art
sliefen st. schlüpfen, in ein kleit anziehn
sliezen st. schliefsen; zusammenfügen, bauen
smielen sw. lächeln
snel (-les) kräftig, streithaft, rasch; Adv. snelle
snelheit st. f. II Schnelligkeit; schnelle Kraft
sô Adv. so, wie; Conj. wenn; dann; sô ie se oft als; oft nach vorausgeschickter einzelner Bestimmung: nâch gewonheite sô schieden si sich dâ; nach swer, swaz; Ausrufe einleitend sô wol drum wohl!
solh, sülch, solch so beschaffen, solch
solden sw. besolden
sorclîch gefährdet, sorgenvoll; Adv. sorclîche mit Sorgen
sorge st. sw. f. Furcht, Bekümmernis; eines für einen; vor einem; von oder ze einem vor
sorgen sw. ûf einen für jemand, ûf ein d. etwas befürchten; sorgende mit Sorgen; sorgfältig
soum st. m. Pferdelast; — soumœre Saumpferd
soumen sw. auf Saumthiere laden
spæhe Adj. und Adv. kunstvoll, kunstreich
spæhelîche Adv. klug
spanne sw. f. Mafs der ausgebreiteten Hand
spannen st. ausstrecken; bouge an sp. Ringe an die Hand stecken
sparen sw. sparen, schonen
spâte Adv. spät
spehen sw. suchend und beurtheilend blicken, ansehn
spenge st. n. — gespenge
spengen sw. mit Spangen versehn
spor sw. m. Spora

sprácha st. f. Sprache; Berathung
sprächen sw. berathschlagen
sprechen st. *einem von einem*, über jemand
spruch st. m. II Rede
stæte, stætelích, stætic (-ges) fest, treu; *stæte* st. f. Treue
stán, stén anom. stehn, stehn bleiben; sich stellen, treten: aufstehn, *von den rossen* absitzen; mit Adv. *hôhe st.* auf dem Gipfel stehn, einen theuer zu stehen kommen; *in sorgen st.* sein; *einem st.* anstehn; *einem vor st.* vertheidigen; *abe st. eines d.* abstehn von; *ez stát umbe einen* es verhält sich mit
starc gewaltig, schrecklich; schlimm; Adv. *starke*
stat (-des) st. n. Gestade
sterke st. f. Tapferkeit, Stärke
stíc (-ges) st. m. Weg, Pfad, Gang
stieben st. stäuben, in Stücken abspringen; Funken von sich geben
stiege sw. f. Stiege, Treppe
stiure st. f. Unterstützung; freiwillige Gabe
stolz, stolzlích stattlich
stouben sw. stäuben, Staub aufwirbeln
stráfen sw. tadeln
strále st. f. Pfeil
stríchen st. trans. streichen, *den lîp* sich putzen; intr. eilig gehn, ziehen
strít st. m. *wider st.* um die Wette
stríten st. *einem* mit einem
strítlích zum Kampfe gehörig; Adv. *strítlíchen* kampfbereit
strúch st. m. das Straucheln
strúchen sw. straucheln, zu Boden fallen
stunt, stunde st. f. Augenblick, Zeitpunct, Zeit; *an der st.* zur selben Zeit, sogleich; *an den stunden* zu dieser Zeit; jetzt eben; *zeiner stunt* einmal; *túsent stunden mére* tausend mal mehr
stuolgewæte st. n. Stuhlteppich
sturm st. m. II Kampf
sturmküene kampfesmuthig
sturmmüede kampfesmüde
süeze lieblich; st. f. Annehmlichkeit; lieblicher Geruch
suln anom. sollen; mit Inf. Umschreibung des Futurs: werden: *solde* in Conditionalsätzen: würde, *solde hán* hätte sollen; in Aufforderungen und Vorschlägen bei der 1. Person: wollen, bei der 2. Umschreibung des Imper.

sumelích mancher; Plur. einige, etliche
súmen sw. ´verzögern; *ez s.* oder *sich s.* säumen, *sich eines d.* oder *mit einem d.* etwas verzögern; *einen eines d.* aufhalten, hindern an
sun st. m. II, N. A. Sing. auch *suon* Sohn
sunder Adj. und Adv. *sunderlíche* Adv. besonders, für sich
sundern sw. absondern, trennen
sunewende st. f. Plur. Sommersolstitium, Zeit des höchsten Sonnenstandes
suochen sw. *einen* aufsuchen, besonders feindlich: angreifen
suochman (-nes) st. m. Jäger, der das Wild aufspürt
suone st. f. Sühne, Versöhnung
sus, sust Adv. so; sowieso; sonst
swá Adv. wo immer
swach gering, werthlos
swære Adj. und Adv. schwer, schmerzlich; st. f. Schwere, Leid, Kummer
swæren sw. bekümmern, erzürnen
swanc (-ges) st. m. Schwang, Schlag
swannen Adv. von wo auch immer
swar Adv. wohin, wozu auch
sweben sw. sich hin und her, auf und nieder bewegen
sweder welcher von beiden auch
sweifen st. trans. schwingen
sweher st. m. Schwiegervater
swelh, swel was für ein — auch
swenden sw. verschwinden machen, vernichten, verschwenden
swenne Adv. wann immer, wenn irgend
swer n. *swaz* jeder der, alles das: wer, was auch immer: *swer* wenn jemand; *swaz* mit G. wie viel auch, wie viele auch; *an swiu* woran immer
swern anom. schwören, *eines d.* etwas; *ûf einen* sich gegen jemand verschwören
swertdegen st. m. Knappe, der das Schwert nimmt, Ritter wird
swertgenóz st. m. Knappe, der mit einem Ritter wird
swertgrimmic (-ges), der *sw. tôt* der schreckliche Tod durch das Schwert

swîchen st. ermatten; *einem* jemand im Stiche
lassen

swie Adv. wie auch immer, wenn auch

swiften sw. beschwichtigen

swinde kräftig, zornig; Adv. geschwind

swingen st. schwingend werfen; *hin sw.* weg-
hauen

T.

tageweide st. f. Tagereise

tan (*-nes*) st. m. Tannenwald, Wald

tarnhût st. f. ll, *tarnkappe* sw. f. unsichtbar
machender Mantel

teil st. m. *ein t.* etwas, ein wenig; ziemlich
viel

teilen sw. theilen, austheilen: *daʒ, diu spil t.*
Bestimmungen vorlegen, unter denen zwei
gegen einander streiten sollen, oder unter
welchen jemand wählen soll; *geteiltiu spil*
festgesetzter, bestimmter Wettstreit

tievel, tiuvel st. m. *den tiuvel* spöttisch = Nichts

tievellîchen Adv. teuflisch

tjoste st. f. Zweikampf zu Pferde mit Speeren

tiuwer, tiuwerlîch werthvoll, vortrefflich; lieb;
Adv. *tiure* theuer, hoch, sehr

tiwern sw. werth machen, ehren

toben sw. rasen

tobelîchen Adv. rasend, wüthend

touf st. m. Taufe

tougenlîch heimlich; Adv. *tougenlîche, tougen*

tragen st. tragen, bringen; haben; ertragen;
sich t. sich betragen, sich halten; *ein d. an
tr.* anstiften

trahen st. m. ll Thräne

tranc st. n. *trinken* substant. Inf. Trank

triuten sw. liebkosen, lieben

triutinne st. f. Geliebte; Gemahlin

triuwe st. f. oft Plur. Treue, Zuverläfsigkeit;
gegebnes Wort; *an t.* in treuer Gesinnung;
im Treuverhältnis; *triwen* D. Plur. Interj.
wahrhaftig

triwen s. trouwen

træsten sw. zuversichtlich, froh machen, er-
freuen, trösten; *sich eines, eines d.* hoffen,
rechnen auf

trôst st. m. Hoffnung, Schutz; bildlich sowohl
von Fürsten und Führern, als vom Gefolge

troumen sw. träumen

trouwen, trûwen, triwen sw. mit Inf. glauben,
hoffen; sich getrauen; *eines d.* glauben, er-
warten; *einem, einem d.* vertrauen; *einem
eines d.* zutrauen, anvertrauen

trüge st. f. Betrug

truhsæʒe sw. Diener, der die Speisen aufträgt;
Truchsefs (Hofamt)

trunzûn st. m. Splitter

truoben sw. trüb werden

trûren sw. niedergeschlagen sein (aus Furcht
oder Trauer)

trût st. m. Geliebter; st. n. Geliebte; Liebling

tugen anom. gut, angemefsen, brauchbar sein;
helfen; ziemen

tugent, tugende st. f. Tüchtigkeit, edler Sinn;
ehrenhaftes, feines Benehmen

tugenthaft, tugentlîch feingebildet, edel; Adv.
tugentlîche

tülle st. f. Höhlung im Pfeilschaft für die Spitze

tump (*-bes*) unerfahren, jung, unverständig

tuom st. m. Dom

tuon anom. thun; machen, veranstalten; han-
deln, sich benehmen; *ist getân* zuweilen:
ist so gut wie geschehen, geschieht sicher-
lich; *wart getân* geschah; *einem minne,
triuwe t.* Liebe, Treue erweisen; *gâbe,
wide* ein Geschenk, Frieden machen; *den
tôt, den segen, eine hôchgeʒît t.* geben,
helfe t. bringen; mit Adj.: *einen naʒ, un-
dertân t.* machen; mit Adv. *einem liebe,
leide t.* Freude, Leid bereiten; *eʒ guot t.*
seine Sache gut machen, besonders im
Kampfe; mit Inf. dessen Casus entweder
beibehalten oder mit einem von *t.* abhän-
gigen D. vertauscht wird: *einen* oder *einem
grüeʒen t.*; an der Stelle eines zu wieder-
holenden Verba: *die ich von herzen minne
und lange hân getân* (*geminnet*); Part. *ge-
tân* beschaffen, gebildet; *wol g.* wohl-
geschaffen, schön; gut gehandelt

turn st. m. ll Thurm

turren anom. wagen, dürfen

twerc (*-ges*) st. n. Zwerg

twingen, dwingen, tringen st. zwingen, be-
zwingen, *eines d.* zu einer Sache; *die fûst
t.* ballen

32

U.

über Praep. mit A. über, jenseits; Adv. *übere*
überkraft st. f. II Uebermacht
überlút Adv. offen
übermüete, übermüetic (-ges) übermüthig
übermüeten sw. übermüthig sein, handeln
übermüete st. f. *übermuot* st. m. Uebermuth
überwinden st. überreden; verschmerzen
úf Praep. mit D. und A. auf, für, gegen, zu;
in Absicht, Vertrauen auf; *úf genáde* im
festen Vertrauen; *úf triuwe* bei meiner
Treue, wahrhaftig; *úf den wán* in dem Glau-
ben; *úf schaden alsó grózen* nach so grofsem
Schaden; Adv. *úf, úfe; úf geben* abgeben
umbe Praep. mit D. und A. um
umbereit = unbereit
umbrísen (unprísen) sw. nicht preisen, tadeln,
schelten
unangestlíchen Adv. ohne Gefahr
unbehuot unbehütet, unbewahrt; sorglos
unbilden sw. einen unangemefsen, unrecht
dünken
undanc st. m. Gegentheil von *danc*; *ir líp habe
undanc* sie seien verwünscht
unde, und, unt Conj. und; anstatt relativer
Anknüpfung *der genôden und ir mir* die
ihr mir *habt gesworn*; leitet conditionalen
Vordersatz ein: *und wil du niht erwinden*
ünde st. f. Welle
under Adv. und Praep. mit D. und A. unter,
zwischen; *u. helme, u. króne* mit dem
Helm, der Krone auf dem Haupte; *under
diu ougen* in das Angesicht
understán anom. dazwischen treten, *ein d.* ver-
hindern
underwinden st. sich *eines d.* etwas übernehmen
unervorhten unerschrocken
unerrochen ungerächt
unerwant, unerwendet unabgewandt, unwend-
bar
unverdaget, einen einem unverschwiegen, un-
verhohlen
unverdienet unverdient, unverschuldet
unverendet unvollendet, unerreichbar
unvermeldet, eines d. in einer Sache nicht ver-
rathen
unversüenet ungesühnt, unsühnbar

unvriuntlíche Adv. unfreundlich
ungeberde st. f. Benehmen, Gebärde des vor
Schmerz und Wuth sich nicht beherschen-
den
ungefüege unhandlich, ungeheuer grofs, gewal-
tig; schlimm; *ein ungefüege* Riese; Adv.
ungefuoge gewaltig; grob
ungefüege, ungefuoge st. f. Unziemlichkeit,
Unart; Noth; ungeheure Menge
ungemach st. m. Unruhe, Mühsal, Leid; Ge-
fängnis
ungemeit unfröhlich; *u. werden* Leid erfahren;
sterben
ungemüete st. f. *unmuot* st. m. Unmuth, Zorn;
in unmuote werden in Zorn, Trauer ge-
rathen; *unmuotes* im Zorn
ungemuot unmuthig, zornig
ungenáde st. f. Ungnade, Hafs; Unheil
ungerne Adv. mit Unlust, Trauer
ungescheiden ungetrennt
ungesunt (-des) krank, besonders an Wunden
ungetán nicht gethan; *u. wesen* nicht geschehn
ungetriulíche Adv. ungetreulich, treulos
ungetrunken noch nicht getrunken habend
ungewert sín eines d. etwas nicht erhalten
ungewillic (-ges) widerwillig
ungewon ungewohnt
unkraft st. f. II Ohnmacht
unkunde, unkunt (-des) unbekannt, fremd
unlanc (-ges) kurz; Adv. *unlange*
unlobelích tadelnswerth
unmære nicht der Rede werth; gleichgiltig;
zuwider
unmáze st. f. Verfehlen des richtigen Mafses;
D. Plur. *unmázen* Adv. auch vor Subst. un-
mäfsig
unmæzlích übermäfsig
unmüezic (-ges) ruhelos, thätig
unmügelích unmöglich; ungeheuer grofs
unmuoze st. f. auch Plur. Thätigkeit
unsælde st. f. Unheil, Unglückseligkeit
unsanfte Adj. und Adv. schmerzvoll, schwer;
zornig
unstate st. f. *ze unstaten komen* zu Schaden
gereichen
untriuwe st. f. auch Plur. Untreue
untrœsten sw. entmuthigen
unz, unze Adv. bis; Conj. auch: *unz daz* bis dafs

uoben sw. treiben, thätig sein
üppic (-ges) überflüfsig, eitel
úr st. m. Auerochse
urbor st. f. Einkünfte; Grundstück, von welchem Einkünfte bezogen werden
urliuge st. n. Krieg
urloup (-bes), urlop st. m. Erlaubnis; Urlaub, Abschied
úz, úzer Praep. mit D. aus, in Folge von; *Günther úz* von *Burgundenlant*; Adv. *úz, úze*

V. s. F. (auch im Inlaut an dieser Stelle)

W.

wá Adv. wo, wohin; *hœren, sehen wá* wie; *wá nu* wie steht es nun? mit Praep. *wá von, war ndch*
wâc (-ges) st. m. *wâge* st. n. bewegtes Wafser, Fluth
wafen, wæfne st. n. Waffe, Rüstung
wæge gewogen, geneigt, freundlich
wajen sw. weben
wœnen sw. meinen, glauben, mit Inf. hoffen; *eines d.* etwas glauben; *ich wœne* oder *wœn* eingeschaltet: glaub' ich, vermuthlich
wœrliche Adv. wahrlich, der Wahrheit gemäfs
wœtlich schön, stattlich; Adv. vermuthlich; in negativen Sätzen: so leicht
wáfen, wáffen st. n. Waffe, besonders Schwert; Allarmruf; dann Interjection: wehe!
wáfen (-enen) sw. mit Schutz - und Trutzwaffen versehen
wáfenlich gewant Rüstung
wáge st. f. Lage in der Schwebe, Wagnis; *enwáge, úf der w. stân* auf dem Spiele stehn, *úf die w. lâzen* aufs Spiel setzen; *âne wáge* ohne zu wägen, in Masse
wagon sw. sich hin und her bewegen
wägenon sw. auf Wagen laden
wahsen st. aufwachsen, erwachsen; entstehn
wal st. n. die Leichen der Gefallnen, das Schlachtfeld
walten st. *eines d.* über etwas herschen
waltreise st. f. Waldfahrt, Jagd
wan Adv. aufser, ausgenommen; nach Negationen: als, nur; Praep. mit G. *wan mín;* A. *wan einen bracken;* A. und G. *wan got unde mín;* Conj. in Nebensätzen allein und

Martin, Gramm. u. Gloss.

mit *daz* wenn nicht, nur dafs; elliptisch *wan diu tarnkappe* wäre nicht die Tarnkappe gewesen
wan, wande Conj. weil, da; denn
wan (aus wandene) Conj. warum nicht?
wân st. m. Meinung, Hoffnung, Absicht; *w. tragen úf ein d.* seine Gedanken richten auf; *w. haben eines d.* Hoffnung, Lust haben zu, hoffen, wünschen
wanc st. m. das Weichen; *âne w.* ohne Fehl
wannen Adv. von wo
want (-de) st. f. ll *suo den wanden* 1280?
war Adv. wohin
war st. f. Aufmerksamkeit; *w. nemen eines* auf jemand achten, für jemand sorgen, *eines d.* etwas in Obacht nehmen, betrachten
warnen sw. rüsten, vorbereiten, besonders auf eine Gefahr, warnen, *eines d.* vor einer Sache
warte st. f. Lauer, Wacht; Vorposten; Anstand
warten sw. spähen, Acht haben; *einem, ndch einem, einem d.* oder *ein d.* erwarten
wât st. f. ll Kleidung, Rüstung
waten st. schreiten, dringen
wazzerwint (-des) st. m. Fahrwind
wê Adv. weh, leid; *mir ist w. ndch einem* ich verlange schmerzlich nach; Interj. des Schmerzes, auch mit vertretendem *ó, ou: owê mir* oder *mich, eines d.* wegen einer Sache
wegemüede von der Reise müde
wegen st. (sich neigen) eindringen, *ein d.* wägen, bewegen; zuwägen, auszahlen; aufwiegen, gegen etwas helfen, *hôhe, ringe w.* hoch, gering anschlagen; *einen* kümmern
wegen sw. bewegen, schwingen
weidenliche Adv. stattlich
weigerlichen Adv. stattlich, stolz
weinen sw.; mit A. beweinen
weise sw. m. Waise
wel (-les) rund
wellen sw. wählen
wollen anom. wollen; *eines ein d.* etwas von einem; mit Inf. auch Umschreibung des Fut.: werde; Praet. conditional: würde; zuweilen durch: vermuthlich, natürlich zu übersetzen, mit Negationen durch: doch wohl

3

nicht; *der wirt wolde wænen* glaubte natürlich *die geste wæren tôt; ine wils niht wesen diep* ich werde es doch nicht gestohlen haben

wenden sw. intrans. umkehren; trans. wenden, ändern; abwenden: *sich an ein d. w.* sich an etwas kehren; *ein d. an einen* einem zuwenden; *ez an einem w.* jemand umstimmen; *einen eines d.* von etwas abbringen; *gewant* bewandt

wênic (-ges) Adj. und Adv. klein, wenig

wenken sw. sich hin und her bewegen, schweifen

wenne Adv. wenn

wer, waz; *waz* mit G. wie viel, wie viele; *wes* weshalb

werben st. thätig sein, handeln: *dar w.* darauf seine Thätigkeit richten: *ein d.* betreiben, ausrichten; *geworben oder gescheiden* mit ausgerichteter oder abgelehnter Werbung: *nâch einem d., eine frouwen, umbe e.fr.* sich um etwas, um eine Frau bewerben

werdekeit st. f. || Würde; Herrlichkeit

werlde, werlt st. f. Menschheit, Welt, Leben; *zer w., in dirre w.* im Leben

werlich wehrhaft; Adv. *werlîche*

wern sw. währen, dauern

wern sw. *einen* belohnen, *eines d.* einem etwas gewähren

wern sw. wehren, vertheidigen, *eines* oder *eines d.* gegen jemand, etwas; *ein d.* auch: abwehren, hindern

werren st. *einen* jemand stören, hindern, bekümmern

wert (-des) st. m. höheres festes Land in Wasser oder Sumpfniederung, Werder

wesen anom. sein; *dâ heime w.* bleiben; *hôher mâze w.* von vornehmem Geschlechte sein; *w. swie einer gebiutet* einem ganz zu Willen sein; *mir ist leit* ich traure, mich verdriefst

wette st. n. Vertrag, wobei Pfänder gesetzt werden, die dem Sieger zufallen; *ze w.* um die Wette

wîc (-ges) st. m. Kampf

wîcgewant (-des) st. n. Kampfgewand

wîclîchen Adv. kriegerisch, tapfer

wider Praep. mit D. und A. gegen, zu

widere Adv. zurück; wiederum; *w. unde dan* rückwärts und vorwärts, hin und her

widervart st. f. || Rückfahrt

widerkêre st. f. Gang, Ritt hin und her

widerreden sw. *ein d.* gegen etwas sprechen

widersagen sw. *einem* aufsagen, Fehde ankündigen

widerspel st. n. Widerrede, Antwort

wîgant (-des) st. m. Kämpfer, Krieger

wîhen sw. weihen, einsegnen

wilde ungezähmt, wild

wîle st. f. Weile, Zeit; *die w.* unterdessen; so lange als; *under wîlen* bisweilen

wîlen, wîlent D. Plur. von *wîle*: vor Zeiten, einst

wille sw. m. Absicht, Wille, Wunsch; *mit willen* mit Absicht, gerne; *mit eines w.* mit eines Zustimmung; *durch eines w.* um eines willen; *eines d. w. haben* beabsichtigen; *w. oder guoten w. tragen* freundlich gesinnt sein; *sonst g. w.* feste Absicht

willic (-ges) geneigt, freundlich; Adv. *williclîchen* gern

wine st. m. Geliebter, Gatte; st. f. Geliebte, Gattin

wint (-des) st. m. *ein w.* spöttisch: Nichts

wirs Adv. schlimmer, weniger; Superl. *wirsist*

wirt st. m. Hausherr, Landesherr

wirtschaft st. f. || Bewirthung, Gastmahl

wîse klug, erfahren

wisen sw. weisen, führen

wisent (-tes und -des) st. m. Büffel

wîte st. f. Weite, das Freie; D. Plur. *wîten* Adv. weit, weithin

witze st. f. auch Plur. Verstand; Bewustsein, Besinnung

wîzen st. Vorwürfe machen, vorwerfen

wizzen anom.; zuweilen *weiz* ohne *ich*; gewizzen bekannt

wol Adv.; *mich eines d.* heil mir wegen etwas

wolken st. n. Wolke

wonen sw., *einem bî w.* mit einem verkehren, *daheiner dienste* zu irgend einem Dienst

wortræze wortscharf, bitter

wüesten sw. verwüsten

wunden sw. verwunden

wunder st. n. Verwunderung; *w. hât, nimet mich eines d.* ich wundere mich über etwas; Gegenstand der Verwunderung, wunderbare Menge; *w. sagen* Wunderdinge, aufserordentlich viel erzählen

wunderlich wunderbar
wundern sw. *mich wundert eines* oder *umbe*
  einen ich wundere mich über jemand
wundernküene wunderbar kühn
wünne st. f. Wonne, Freude
wünnen sw. in Wonne bringen, erfreuen
wunsch st. m. II Inbegriff der höchsten Voll-
  kommenheit, das köstlichste; *ze wunsche*
  vollkommen
wünschen sw. *eines d.* etwas; *einem* für jemand
wunt (-des) verwundet
wuof st. m. II Wehschrei

Z.

zage sw. m. Feigling
zagelichen Adv. zaghaft
ze Praep. mit D. zu, bei, in, gegen, für, als;
  ze wunder sagen für ein Wunder erklären;
  ze gîsel geben als Geisel geben; elliptisch:
  ze Santen (die Stadt) Santen, *ze Burgonden*
  (das Land) Burgund; vor Adj. und Adv.
  das Uebermaſs bezeichnend: zu
zegegene, zegegene Adv. entgegen, gegenüber
zegelich zaghaft
zehant Adv. auf der Stelle
zeichen st. n. Zeichen, Fahne; *des tôdes z.* das
  Ausseho des Sterbenden oder Todten als
  Wappen des Todes
zein st. m. Stäbchen, Röhrchen zu Schnüren
  vereinigt
zemen st. mit Inf. sich schicken zu; *einem* ge-
  bühren, zukommen; ansteho, gefallen; *mich*
  zimet eines d. mir gefällt, passt etwas

zerbliuwen st. durchprügeln
zerbresten, zebr. st. zerbrechen (intr.)
zerfüeren, zef. sw. zerstreuen, in Unordnung
  bringen
zergân, zergén anom. vergehn
zerrinnen, zerinnen st. ausgehn, mangeln; *mir*
  zerinnet eines d.
zerteilen sw. vertheilen
zese (-wes) recht (Hand)
zetal Adv. hinab, nieder, zu Boden
zewâre, zwâre Adv. in Wahrheit, wahrlich
ziehen st. ziehen, aufziehen; *diu ros* vorfüh-
  ren, *dan z.* wegführen; *sich ze hôhe* sich
  zu hoch erheben; *einen sich an z.* auf
  jemand Anspruch machen
zier, zierlich schmuck, fein, schön
zihen st. *einen eines d.* einem etwas Schuld
  geben
zîter Compar. von *zîte* Adv. zeitig, bald
zogen sw. schnell ziehen (trans. und intr.) *mir*
  zoget eines d. ich beeile etwas
zorn st. m. Zorn, Streit; *mir ist zorn* ich bin
  zornig; Compar. *zorner*
zoumen sw. *einem* einem das Pferd führen
zücken sw. mit Gewalt, schnell ziehen, fassen
zuht st. f. II auch Plur. Wohlerzogenheit, An-
  stand, Höflichkeit; das Ziehen
zühteclichen Adv. artig
zünden sw. anzünden
zuo Adv. zu; Praep. == *ze*
zürnen sw. zornig sein, werden, *eines d.* über
  etwas
zwiu — zewiu wozu, warum

NACHWORT.

Zu der vorliegenden Arbeit veranlaßte mich zunächst, daß mir in der einen Unter-secunda des hiesigen Werderschen Gymnasiums der deutsche Unterricht (Lectüre der Nibe-lungen) übertragen wurde. Gleich im Anfange traten mir die Schwierigkeiten entgegen, die sich wohl auch sonst fühlbar gemacht haben. Ich muste einen kurzen grammatischen Ueberblick des mhd. vorausschicken. Allein die vorhandenen Hilfsmittel, unter denen vor Allem Kober-steins Grundriß zu nennen ist, waren zu ausführlich für meinen Zweck, der nur in der Vor-bereitung für die Lectüre lag; als ich aber selbst die hauptsächlichsten Züge der mhd. Gram-matik zusammen faßte, nahm das Dictieren derselben zu viel Zeit in Anspruch. Noch schlimmer waren wir beim Lesen berathen. Lübbens treffliches Wörterbuch zu der Nib. Nôt sollte allerdings in jeder Schülerbibliothek vorhanden sein; bei seinem Preise konnte ich jedoch unmöglich jedem Schüler zumuthen, sich dasselbe anzuschaffen. So entschloß ich mich, eine früher an-gelegte Sammlung in der Weise zu bearbeiten, daß ich alle in dem Gedicht vorkommenden Wörter, die im nhd. entweder ganz verschwunden sind oder Form, Flexion, Bedeutung, Con-struction verändert haben, zusammen stellte und mit einer grammatisch-metrischen Einleitung verband, in welcher ebenfalls das Verhältnis zum nhd. möglichst berücksichtigt wurde. Bemer-kungen, die nicht zum unmittelbaren Verständnisse nothwendig waren, habe ich nur selten gegeben; die sich so reichlich darbietenden Blicke auf die Geschichte deutscher Sprache und Sitte bleiben am besten der mündlichen Behandlung des Lehrers vorbehalten. Ich wünsche nur noch, daß meine Auswahl den Beifall der in diesem Fache thätigen und erfahrenen Schulmänner er-langen möge!

Herr Professor Müllenhoff hat mich bei meiner Arbeit auf die gütigste Weise unterstützt, theils durch seinen Rath in schwierigen und zweifelhaften Fällen, theils indem er mir einige von Lachmann hinterlassene Bemerkungen mittheilte. Ich hebe von diesen nur eine hervor, um die Belegstelle hinzuzufügen: *erniuwen* 1884 mit frischem Schnee bedecken = mit frischem Blute begießen; vergl. Parz. 73, 15 *von des sper snîte ein niwe leis.*

E. M.